D1666275

SCHREIBEN MIT KÖRPERN

Der Choreograph Raimund Hoghe

Herausgegeben von
Katja Schneider und Thomas Betz
Photos von Rosa Frank

Inhaltsverzeichnis

Zu diesem Buch

Seit zwanzig Jahren ist Raimund Hoghe auf der Bühne präsent: mit seinem Körper und seinen Texten, gemeinsam mit Tänzern, mit Songs, im Dialog mit Klassikern der Musik und der Tanzgeschichte. *Schreiben mit Körpern* versammelt erstmals Texte zu seinem Werk, die in Beobachtungen und Analysen seinen Stücken nachgehen, Themen und Strategien seiner poetischen Bühnenpraxis in den Blick nehmen und sich den individuellen und kulturellen Archiven widmen, die Raimund Hoghe dem Zuschauer eröffnet. Die Photographin **Rosa Frank** hat Hoghes künstlerischen Weg von Anfang an begleitet, von ihr stammen die Aufnahmen in diesem Buch – in dem Texte des Choreographen nicht fehlen dürfen. Denn sie sprechen nicht nur von der Programmatik seiner Kunst, sondern stehen auch für Raimund Hoghes andere Karriere, die als Journalist und Buchautor begann. Sein *Schreiben mit Körpern* geht in diesem Sinne über das Choreo-Graphieren, das Formen von Bewegung in Zeit und Raum, hinaus.

Drei programmatische Texte von Raimund Hoghe gliedern das Buch. In *Das blaue Kleid der Wartefrau* legt er seine Poetik offen. Die Gattung des journalistischen Porträts zeugt von seinem grundsätzlichen Interesse an individueller Biographie, an der Beschreibung der Person, deren Sehnsüchten und Bruchstellen, daran, wie sie sich in der Gesellschaft behauptet. Seine Notizen zu Ushio Amagatsu und Sankai Juku – *Doch immer war's ein Tanzen ohne Ende* – bezeugen Raimund Hoghes Nähe zur japanischen Ästhetik und zu einer Tanzkunst der Verwandlungen, die stets nie nur eine Seite zur Schau stellt. Zentral für sein Werk ist der Text *Den Körper in den Kampf werfen*. Mit diesem Zitat von Pier Paolo Pasolini hat Hoghe auch eine Lecture Performance betitelt; es bedeutete für Hoghe die Verpflichtung, mit seinem eigenen Körper auf der Bühne zum Umgang mit Aids-Kranken, Behinderten, Körpern und Biographien außerhalb der Norm Stellung zu beziehen.

Über das Œuvre von Raimund Hoghe schreiben in diesem Buch Fachjournalisten sowie Tanz- und Theaterwissenschaftler, die sich mit seinem Werk erstmals auseinandersetzen oder es über lange Jahre verfolgt haben. Jede, jeder von ihnen hat einen eigenen thematischen Zugang und persönlichen Zugriff gewählt.

Katja Schneider untersucht exemplarisch für Hoghes frühe Soli die Intertextualität in *Meinwärts* und zeigt, wie genau der Choreograph mit Texten, Implikationen und intermedialen Verschränkungen Zeitbezüge sichtbar macht.

Hoghes Rezeption und Karriere in Frankreich, die vollkommen anders verlaufen ist als in Deutschland, widmet sich **Thomas Hahn**. In seinem Beitrag beleuchtet er die kulturpolitischen Unterschiede beider Länder und erläutert, was die Franzosen so sehr an Hoghes Werk fasziniert.

Dass Hoghe bei seiner Beschäftigung mit Alterität eine ganz eigene Bildsprache entwickelt hat, steht außer Zweifel. Wie sich diese Ästhetik erleben lässt und worin das »Schöne« bei Hoghe begründet liegt, dem nähert sich **Franz Anton Cramer** mit Friedrich Schiller.

Gerald Siegmund nimmt in Figuren der Spiegelung Hoghes Inszenierung von Begehren in den Blick. Er verdeutlicht die psychologische Grundstruktur – und die Fragilität, mit der Hoghe die »leere Bühne« mit Sehen und Imagination, mit Erinnerung und Verlust besetzt.

Anna Wieczoreks Analyse des Callas-Stücks 36, *Avenue Georges Mandel* fokussiert Hoghes Einsatz von Musik und seine Komposition von verdichteten Bildern, die sie als »innere Tableaus« beschreibt.

Die körperliche Bildproduktion interessiert auch **Andreas Backoefer**, der in seinem Beitrag Hoghes emotionale Intensität mit der Body Art des britischen Performancekünstlers Franco B kontrastiert.

Jörg von Brincken nimmt die Parole »Den Körper in den Kampf werfen« zum Ausgangspunkt für seine Überlegungen zu Hoghes spezifischer Ästhetik der Differenz. Körperliche Abweichung von normierten Bildern und Festschreibungen interpretiert von Brincken als produktive Differenz, die es ermöglicht, Schönheit wahrzunehmen.

Zum Schluss beobachtet **Thomas Betz** an Beispielen von Anfang und Ende, wie Rahmungen als künstlerische Strategien Öffnungen herstellen.

Schreiben mit Körpern erscheint parallel zum Festival »20 Jahre – 20 Tage: Raimund Hoghe und Wegbegleiter«, das im Herbst 2012 in den Städten Essen, Münster und Düsseldorf gefeiert wird. Ohne dessen Unterstützung und die seiner Förderer wäre diese Publikation nicht möglich gewesen.

Die Photographin Rosa Frank hat mit ihrem großen Einsatz entscheidenden Anteil am Gelingen. Ebensowenig möglich wäre es gewesen, dieses Buch ohne die intensive Kooperation mit Raimund Hoghe und seinem künstlerischen Mitarbeiter Luca Giacomo Schulte zu veröffentlichen, die für jede Frage ein offenes Ohr und eine Antwort hatten, uns mit DVD-Material versorgten und für lange Gespräche zur Verfügung standen. Ihnen gilt unser großer Dank!

Die Herausgeber
München, im Herbst 2012

Luca Giacomo Schulte und Raimund Hoghe bei der Arbeit an *Si je meurs laissez le balcon ouvert*

KATJA SCHNEIDER

Sich verhüllen, um etwas zeigen zu können

Eine Einleitung

Bond, James Bond, sagt er leise zu der schönen blonden Frau, bevor er den imaginären Revolver gegen sie richtet. »Bang, bang.« Doch die Blonde zieht so schnell wie er, und beide werfen sich zu Boden, dass es staubt. Wieder und wieder. Und noch einmal. Als Dalida ihren Song beendet hat, bleibt der Mann im Halbdämmer der schwarz verhängten Bühne liegen. Raimund Hoghe war James Bond. Für ein Lied. Ein Kinderspiel lang. Dann steht er auf und beginnt etwas Neues. Ihm genügen wenige unspektakuläre Gesten und Bewegungen, die er klar und ruhig wiederholt, bis eine Musik zu Ende ist – emotional hochschäumende Opernarien, Songs von Peggy Lee und Judy Garland, Chansons von Jacques Brel und Mina, die von Schönheit und Liebe erzählen, von Körpern und Erotik, von Berührungen und Verlust. Von der Sehnsucht.

Die Szene aus dem Stück *Sarah, Vincent et moi*, das 2002 zusammen mit Sarah Chase und Vincent Dunoyer entstanden ist, bleibt im Gedächtnis und steht für viele Momente in Hoghes Œuvre, die mich seit Jahren begleiten. Sicherlich ist die beschriebene Szene nicht die wichtigste in Hoghes Werk, sie ist auch nicht besonders typisch für seine Aktionen, die in der Regel abstrakter sind und deutlich weniger stark die Musik illustrieren als Dalidas *Bang Bang (My Baby shot me Down)*, aber sie bringt vier Facetten von Hoghes Werk zusammen, die mich begeistern: Dazu gehören die Klarheit und die kristalline Struktur seiner Bewegungen, die Art und Weise, wie er mit seinen Darstellern interagiert und sich danach wieder in den Hintergrund zurückzieht, ohne an Präsenz einzubüßen, und – last but not least – Hoghes Humor, begabt mit einer Neigung zur Selbstironie.

Begegnungen

Zu diesen Szenen, die mein Hoghe-Universum bilden, gehören auch zwei, die sich persönlichen Begegnungen verdanken. In dem ersten längeren Interview, das ich mit Raimund Hoghe führte[1], erzählte er, wie er – nach den drei Soli für andere Tänzer (*Forbidden Fruit*, 1989 für Mark Sieczkarek; *Vento*, 1990 für Ricardo Bittencourt; *Verdi Prati*, 1992 für Rodolpho Leoni) – begann, für sich selbst zu choreographieren. »Als ich angefangen habe, Solosachen für mich zu machen, habe ich das oft abends in Front des Fensters getan. Dann hatte ich den Blick nach außen und die Reflexion im Fenster. In diesem Zusammenhang habe ich mich und meine Bewegungen angesehen.« Vielleicht war es nicht in diesem hellen, lichten Raum mit dem weißen Teppich und den großen Fenstern, in dem wir sitzen und an dessen Seiten kaum Möbel, sondern kleine Gegenstände ihren Platz gefunden haben, in dem er stand, als es dunkel geworden war und das Fenster zum Spiegel, aber es wäre möglich. Vieles, sagt er, entstehe, nebenbei, aus einer Erinnerung an eine Bewegung aus der Kindheit, beim Sichten eines Videos, aus der Beobachtung eines Sängers. Überhaupt aus der Musik: »Jedes einzelne Musikstück steht für sich und wird mit einer Aktion gefüllt, zugleich aber haben die Musikstücke untereinander eine Verbindung. Das entwickelt sich während der Arbeit.« Gesten und Bewegungen von Sängern inspirieren ihn. »Einmal habe ich ein Video von Dalida gesehen mit einer Szene, in der sie sich verbeugt und eine verdrehte Haltung einnimmt. Das fand ich faszinierend, ich habe versucht, diese Bewegung nachzumachen, aber es klappte nicht. Zufällig habe ich dann ein Video von mir gesehen, auf dem mein Rücken, den ich immer verborgen hatte, sehr präsent war. Als Bild fand ich das auf einmal sehr interessant, als Berg, als Landschaft, und wollte damit etwas machen. Und daraus wurde dann eine Bewegung in *Lettere amorose*, in der ich den Kopf nach unten senke und nach vorne komme, ganz gebeugt, was den Rücken wie einen Berg bildet.« Wenn er den Kopf senkt und den Oberkörper nach vorne beugt, wächst der Rücken empor. Im Profil wölbt er sich nach außen.

Wo Künstler wie Meg Stuart oder Xavier Le Roy am Körper zeigen, wie dieser vom Durchschlag psychischer und gesellschaftlich-sozialer Verhältnisse verformt wird, da spannt Hoghe seinen nicht geraden Rücken in eine strenge ästhetische Form. Nackt hängt er in *Meinwärts* (1994) am Trapez. »Man sieht mich, meinen nackten Körper von hinten. Wie eine Geburt. Es war das erste Stück, in dem ich mich so auf der Bühne präsentiert habe. Bis auf die Anfangsszene war es allerdings meist sehr dunkel. In dem schwarz ausgehängten Bühnenraum trug ich die meiste Zeit einen schwarzen Anzug und außer meinem Gesicht und den Händen war wenig vom Körper zu sehen.«[2]

Das Bild des vor dem abendlichen Fenster probenden Hoghe, der so den Blick bewusst unscharf stellt, um klarer zu sehen, verbindet sich mit Sequenzen auf der Bühne, in denen er sich verhüllt, sein Gesicht hinter einem Tuch oder einem Fächer verbirgt oder in denen er Requisiten verwendet, die nicht genau zu sehen sind. Am Schluss von *Sarah, Vincent et moi* (2002) werden von Vincent Dunoyer Photoporträts ausgelegt und mit Sand zugerieselt, bis sie nicht mehr zu sehen sind. Später holt er sie behutsam wieder heraus und erzeugt damit Leerstellen, schwarze Rechtecke im weißen Sandkreis. Wenn am Ende allen Akteuren der Sand aus der Hand gleitet, werden die Leerstellen zugestreut.

Verlust und Neubeginn. In der sparsamen und zugleich hocharfiziellen Ästhetik blitzt ein utopisches Moment auf, indem die Schönheit nicht als L'art pour l'art, sich selbst genügend, stehenbleibt, sondern den Blick weitet, Anschlüsse schafft. Als Blick auf das vermeintlich Nebensächliche und Unspektakuläre eröffnet sich hier eine Poetik der achtsamen Begegnung mit dem Anderen.

Diese Bilder verbinden sich aber auch mit einem Augenblick in Brüssel, als wir vor dem geöffneten Kofferraum stehen und der Fahrer die Heckklappe etwas zu schnell schließt. Sie streift Hoghes Buckel, der daraufhin gerade noch zur Seite springen kann und meint: »War nicht so schlimm, ist ja noch alles dran.«

Diese selbstironische Lakonie bricht im Alltag wie auf der Bühne jeden Anflug von Sentimentalität. Sie bewirkt in der künstlerischen Arbeit eine Schärfe der Benennung, die vor der eigenen Person nicht zurückschreckt, die den Finger in die Wunde legt, mit Nachdruck, aber ohne zu kratzen. 1997 realisierte Hoghe im Auftrag des WDR ein einstündiges filmisches Selbstporträt mit dem Titel *Der Buckel*.

Der Körper und die Zeit

Raimund Hoghe, 1949 in Wuppertal geboren, gehört zu den wichtigsten zeitgenössischen Choreographen. 2001 erhielt er den vierten Deutschen Produzentenpreis für Choreographie, und 2008 wurde er von den internationalen Kritikern der Zeitschrift *ballet-tanz* zum Tänzer des Jahres gekürt. Er wird in einem Atemzug genannt mit Meg Stuart, Boris Charmatz, Xavier Le Roy oder Jérôme Bel[3], steht in einer Reihe mit Künstlern, die kritisch und subversiv nicht nur ihr Medium hinterfragen, sondern

---

1 Es fand am 30. September 1999 in seiner Düsseldorfer Wohnung statt. Wenn nicht anders vermerkt, entstammen die Zitate Hoghes aus diesem Gespräch.

2 Unveröffentlichtes Interview mit Raimund Hoghe, Juni 2012 in Düsseldorf.

3 Beispielhaft seien dafür die beiden Publikationen genannt, die eine Reihe innovativer Choreographen der Gegenwart behandeln und dabei auf Hoghe Bezug nehmen: Helmut Ploebst: *no wind no word. Neue Choreographie in der Gesellschaft des Spektakels. 9 Portraits […]*, München (K. Kieser) 2001; Gerald Siegmund: *Abwesenheit. Eine performative Ästhetik des Tanzes […]*, Bielefeld (transcript) 2006.

auch die Mechanismen der Gesellschaft im Allgemeinen und der Kunst im Beson-
deren. Anders jedoch als die Kolleginnen und Kollegen hat Raimund Hoghe keinen
Hintergrund als Tänzer. Er war in der Statisterie des Theaters in Wuppertal, wurde
Journalist, schrieb für das Wochenmagazin *Die Zeit*, publizierte Porträts von Unbe-
kannten und Prominenten und setzte diese Tätigkeit auch noch fort, als er für
Pina Bausch und das Tanztheater Wuppertal arbeitete. Er war zehn Jahre lang ihr
Dramaturg, verfasste die Programmhefte, veröffentlichte Bücher über ihren Arbeits-
prozess und die Menschen in ihrer Kompanie. Er sah zu, hörte zu. Bestätigte. Er teilte
ihre Vorliebe für den sinnlichen Umgang mit Requisiten, für die Themen Kindheit,
Sehnsucht, Liebe und Erinnerung. Auch die Überzeugung, dass alles, was man auf der
Bühne tut, einen Grund haben muss. »Ich war sehr fasziniert von Pina und unglaub-
lich beeindruckt von ihren frühen Stücken. Ich hatte das Gefühl: Ich bin mit
bestimmten Dingen nicht allein. Es ist möglich, verschiedene Sachen auszudrücken,
auf verschiedene Arten zu sein, zu leben, zu empfinden.«

Er sah in ihren Stücken unterschiedliche Körper, auch das war möglich. Die Stücke
dauerten. »*Walzer* hat vier Stunden gedauert, das war für manche Zuschauer in
Wuppertal schwierig, weil da schon die letzte Bahn fuhr. Später wurde *Walzer* etwas
gekürzt. Aber manche Stücke waren über drei Stunden lang, und es waren nicht die
schlechtesten Stücke. Dadurch ist bei mir auch ein anderes Timing entstanden. Jedes
Stück braucht seine Zeit – und die nehme ich mir. Wobei ja auch bei mir nicht jedes
Stück über zwei Stunden dauert – *Sacre – The Rite of Spring*, *L'Après-midi* oder *Sans-titre* sind
wesentlich kürzer.«

Die Mitarbeiter und das Publikum

Hoghes Stücke entstehen im Studio mit den Tänzern, mit Charlotte Engelkes (*Dialogue
with Charlotte*, 1998), mit einer großen Gruppe belgischer und französischer Jugend-
licher (*Young People, Old Voices*, 2002), mit Ornella Balestra, Lorenzo De Brabandere und
Geraldo Si (*Tanzgeschichten*, 2003), mit Lorenzo De Brabandere (*Sacre – The Rite of Spring*,
2004), mit Brynjar Bandlien, Nabil Yahia-Aissa, Ornella Balestra und Lorenzo De
Brabandere (*Swan Lake, 4 Acts*, 2005), mit Ornella Balestra, Lorenzo De Brabandere,
Emmanuel Eggermont, Ben Benaouisse, Yutaka Takei (*Boléro Variations*, 2007), mit Emma-
nuel Eggermont (*L'Après-midi*, 2008), mit Faustin Linyekula (*Sans-titre*, 2009), mit Ornella
Balestra, Lorenzo De Brabandere, Emmanuel Eggermont, Yutaka Takei, Astrid Bas,
Marion Ballester, Takashi Ueno, Nabil Yahia-Aissa (*Si je meurs laissez le balcon ouvert*, 2010),
mit Takashi Ueno (*Pas de Deux*, 2011) und mit Marion Ballester, Finola Cronin, Adrien
Dantou, Emmanuel Eggermont, Kerstin Pohle, Yutaka Takei, Takashi Ueno (*Cantatas*, 2012).

Hoghe kommt nicht mit festen Vorstellungen ins Studio. Er bittet die Tänzerinnen
und Tänzer zu hören und zu sehen. Sie sollen die Musik spüren. Jeder für sich. Für die

Werke, die sich mit der Tanzgeschichte beschäftigen, mit dem zaristischen Klassiker *Schwanensee*, mit dem *Boléro* und den Werken des französischen Choreographen Dominique Bagouet, sehen sie sich gemeinsam Videos an. Filme mit Galina Ulanowa in *Schwanensee* und Porträts der Plissetzkaja, immer wieder den *Boléro* von Béjart, die Eiskür von Jayne Torvill und Christopher Dean zur Musik Maurice Ravels, die 1984 bei den Olympischen Winterspielen in Sarajewo Gold gewann, die aufgezeichneten Stücke von Bagouet. Sie sehen solche Filme nicht, um sie zu kopieren, sondern um die Atmosphäre zu spüren und Verbindungen zu ziehen. Intertextuelles Sehen. »Alle Sachen sind in Verbindung«, sagt Hoghe: »Ich habe immer viel geguckt. Man sieht Verbindungen, beim *Sacre* zwischen Pina und Béjart zum Beispiel, auch von beiden zum Original. Oft werden diese Verbindungen aber gar nicht hergestellt.«[4] Von Bausch hat er gelernt, aber auch von Peter Brook, vom japanischen Theater, vom Butoh. Kazuo Ono. Die Gruppe Sankai Juku und deren Leiter, Ushio Amagatsu, den er Anfang der 1980er Jahre in Avignon kennengelernt hatte. »Für mich war ein Gespräch mit Amagatsu sehr wichtig, in dem er mir sagte, dass das Theater für ihn wie eine Zeremonie sei, in der Leute zusammenkommen, im selben Raum, zur selben Zeit. Dass Zuschauer und Tänzer diesen Moment gemeinsam erleben, das ist auch für mich wichtig. Ich gehe mit dem Bewusstsein auf die Bühne, etwas gemeinsam zu machen, ein Ritual auszuführen. Ich mache es vielleicht stellvertretend für andere, aber ich sehe mich selbst auch als Zuschauer, weil ich die Distanz zu mir habe. Ich weiß, wie es von außen aussieht. Es ist wie ein Ritual, und ich mache es nicht für mich allein.« Der Stellvertreter Hoghe macht seine künstlerische Arbeit in der Kopräsenz mit dem Publikum, aber er macht nichts für das Publikum; er könne dem Publikum keine Arbeit abnehmen. Die Arbeit der Erinnerung etwa. Die Arbeit der eigenen Gedanken.

Seine Tänzer und Tänzerinnen findet Hoghe in der Regel nicht in Auditions oder Workshops, eher in persönlichen Begegnungen nach Vorstellungen oder bei Festivals. Ornella Balestra, die italienische, ehemalige Tänzerin bei Maurice Béjart, lernte er so kennen. Lorenzo De Brabandere und Emmanuel Eggermont waren schon in *Young People, Old Voices* dabei. Austausch ist ihm wichtig. Das Interesse aneinander, das Gespür für die Qualität der Arbeit. Wie für die Auswahl der Sänger, Komponisten, Dirigenten – die Musik seiner Stücke – ist auch bei den Tänzern die Ernsthaftigkeit wichtig. Keiner serviert sein Können auf dem Silbertablett, alle haben ihre eigene Ästhetik.

In den Gruppenstücken übernimmt Hoghe oft die Funktion des Gastgebers, des Zeremonienmeisters, der seinen Mitspielern den Raum bereitet, sie zu ihrem Auftritt geleitet und wieder zurück zu ihrem Platz bringt. So, wie er in dem Stück *Sarah, Vincent*

---

4 Gespräch mit Raimund Hoghe in Montpellier, 2010.

et moi die Achsenfigur zwischen Sarah Chase und Vincent Dunoyer darstellt, mit beiden in verschiedene Beziehungen tritt, souverän ein Netz vielfältiger Bezüge webt. Er ist kleiner Bruder, Elternteil, Partner, Begehrender, Begehrter. Dabei spielt er mit der Perspektive des Blicks, das Sehen ist ein zentrales Thema. Auf hochkomplexe Weise verschränkt Hoghe Wiederholungen, Variationen und Spiegelungen. Jede Bewegung eröffnet eine neue Welt, dehnt sich aus in der Zeit.

Essentiell wichtig und von Anfang an dabei sind zwei Künstler, die Hoghes Werk prägen: auf und hinter der Bühne der bildende Künstler Luca Giacomo Schulte, in der Vermittlung nach außen die Photographin Rosa Frank.

Luca Giacomo Schulte begleitet Hoghe seit 1992. Ein Jahr vorher hatte Hoghe über eine Ausstellung von Schulte in der Kunstakademie Münster geschrieben:

»Luca Giacomo Schultes Arbeiten nehmen Bezug. Reagieren aufeinander und auf den Raum, in dem sie sich befinden. Verändern ihn. Scheinbar anstrengungslos und mit großer Kraft. Mit einfachen Mitteln und höchst differenziert nicht nur in der Farbigkeit.

Gegenräume entstehen, in denen großformatige Arbeiten nie monumental wirken und kleine Objekte große Wirkung haben. Ein Blatt Papier kann ausreichen, einen Raum zu verändern und neu zu sehen.

Die Bilder und Objekte von Luca Giacomo Schulte setzen Zeichen. Mit einer seltenen Leichtigkeit und Entschiedenheit gegen das Starre, das Harte, das Unbewegliche. Scheinbar schwerelos scheinen die Papierarbeiten an der Wand zu schweben oder auf dem Boden zu liegen. Einzeln und in der Gruppe. Ohne äußeren Schutz zeigen sie sich in ihrer Empfindlichkeit. Und: behaupten sich. Nachzuvollziehen ist so auch die Möglichkeit, offen zu sein – zum Beispiel für neue Erfahrungen, zum Beispiel in der Begegnung mit einem Blatt Papier.«[5]

Schulte ist dabei. Mal auf der Bühne, um sie zu reinigen, um Dinge zu verteilen, sie wieder einzusammeln, um einfach nur zu stehen und zuzuhören. Er ist hinter der Bühne. Vor allem aber ist er präsent. Er begleitet Entstehungsprozess, Aufführungen und Tourneen. »Raimund entscheidet, wo er hin will«, sagt Schulte, »wir tauschen uns ständig aus, sprechen viel über Musik, Filme, manches entdecken wir auf YouTube.«[6] Seit 2009 inszeniert Schulte auch eigene Stücke. Zuerst entstand *Rosenzeit – Ein Solo für Ornella Balestra*, 2011 folgte *Joseph* mit Joseph P. Cooksey und ihm selbst.

Rosa Frank hat die Strenge der frühen Stücke Hoghes, jene minimalistische, japanisch anmutende, ritualhafte Ästhetik mit großem Mut zur Dunkelheit abgebildet. Die Schwärze der Bühne, das verhaltene Spiel von Ausstellen und Verbergen fordern heraus, technisch sehr schwer zu bewerkstelligen, aber – so sagte Rosa Frank einmal – sie habe das Nicht-Sehen auch akzeptieren können. »Wenn Raimund sagt, hier bitte noch drei Prozent weniger Licht, dann stimmt das auch.«[7]

Rosa Frank studierte bei Arnulf Rainer in Wien, kam von der Bühnenbildassistenz zur bildenden Kunst, arbeitete viel mit Materialcollagen und begann gegen Ende des Studiums zu photographieren. Sie begleitete Hoghe auf seiner »Reise vom Dunkel ins Licht«.

Themen und Farben

Hoghes Reise führt tatsächlich »vom Dunkel ins Licht«. Vor allem die frühen Soli *Meinwärts* und *Chambre séparée* (1997) spielen mit Lichtwerten der Dämmerung, wirken streng, stark ritualisiert, zurückgezogen. Beinahe monochrom. Zusammen mit *Another Dream* (2000) bilden diese drei Stücke eine Trilogie, die sich mit der deutschen Vergangenheit zwischen 1930 und 1970 beschäftigt. *Lettere amorose* (1999) bringt das alles noch einmal auf den Punkt. »In allen Teilen geht es nicht nur um die persönliche Erinnerung, sondern um Ausgrenzung und Verdrängung im Wechselbezug von Vergangenheit und Gegenwart«, sagt Hoghe, der gesellschaftskritische Chronist unter den Choreographen. Er wollte Stellung beziehen, sagt Hoghe in seinem Text *Den Körper in den Kampf werfen.*[8]

Hoghe entwirft Mentalitäts- und Zeitgeschichten, die in seiner Biographie ihren Ursprung haben, aber keine Privatmythologie zeugen, sondern ein Archiv öffnen. Wuppertal in den Fünfzigern, in den Sechzigern: Gitte und Miss Germany geben Autogramme bei der Eröffnung eines Bekleidungshauses. Schlagerfilme im Roxy und Astoria. Starschnitte zum Sammeln. Mutters Nähmaschine steht in der Küche. Schwebebahn. Die Wupper. Else Lasker-Schüler. In *Another Dream* zitiert Hoghe die Worte des 1968 ermordeten Pfarrers Martin Luther King, der den gewaltlosen Widerstand der schwarzen Bürgerrechtsbewegung in den USA formierte: »I have a dream.« Und er erinnert sich im Anschluss an das »beliebte Café in der Fußgängerzone von Bielefeld, in dem keine Schwarzen bedient wurden«, erzählt von dem Farbigen, der keine Arbeit finde, weil er schwarz sei. Oder er lagert sich wie ein Dandy auf den Boden und zeichnet zu *We Shall Overcome* von Joan Baez mit einem brennenden Räucherstäbchen Kreise in die Luft. So überblendet er Kontexte, um zu zeigen, wie sich Gleichzeitiges und Unvereinbares, ideologische Fixierungen und historische Entwicklungen schneiden.

---

5 Raimund Hoghe: *Ein Blatt Papier.* Im Netz: www.lucaschulte.com (unter: Fine Arts).
6 Unveröffentlichtes Interview mit Luca Giacomo Schulte in Düsseldorf, Juni 2012.
7 Unveröffentlichtes Interview mit Rosa Frank, Oktober 2010 in München.
8 Siehe Seite 150 in diesem Band.

Hoghe ist hellwach. Alltägliche Diskriminierungen und globale Ungerechtigkeiten registriert er sehr genau. Sie tauchen in seinen Stücken auf. Eines seiner jüngeren Werke, das 2009 in Montpellier uraufgeführte *Sans-titre*, widmete er Faustin Linyekula, Tänzer, Choreograph und Regisseur aus dem Kongo, einem der wichtigsten Künstler Afrikas, der auch im Westen präsent ist. Hoghe übernimmt die Funktion des Gastgebers. Er legt den Rand der Bühne mit weißem Schreibpapier aus, bückt sich gut 80-mal, richtet sich wieder auf. Linyekula legt aus hellen Kieseln eine Mittellinie von vorne nach hinten. Bis auf einige Spirituals hat Hoghe Musik vor allem von Johann Sebastian Bach und Henry Purcell ausgesucht, europäische Kunstmusik. Linyekula lässt die Kiesel, die er sich auf den Rücken gelegt hat, durch schlängelnde Bewegungen der Wirbelsäule klackend herunterfallen. Er singt mit, laut, heulend. *Sans-titre* ist auch eine Totenklage, ein Stück der Trauer; es gibt denjenigen einen Ort, die ortlos, die ohne Papiere (»sans papiers«) sind, geflohen, illegalisiert, umgebracht. *Sans-titre*, »ohne Titel«, verweist auch auf eine Konvention der bildenden Kunst, unterstreicht damit, dass Hoghe hier auf nichts verweisen muss.

Im Gegensatz dazu tragen die fünf Stücke, die vor *Sans-titre* entstanden sind, Titel mit starker Referenz. *Sacre – The Rite of Spring* bezieht sich natürlich auf das Werk, das die Ballets Russes 1913 in Paris uraufführten, die Choreographie von Waslaw Nijinsky zu der Musik von Igor Strawinsky. Zu Beginn liegen Hoghe und Lorenzo De Brabandere auf dem Boden. Man hört aus dcm Off Stimmen, Zitate aus einer Dokumentation über *Le Sacre du printemps*, sie sprechen über den Skandal, den die Uraufführung hervorgerufen hat, deutlich hört man eine Stimme – es ist die Strawinskys – »I was sitting there«. Die Bühne ist dunkel, Musik überblendet die Stimmen, es ist das Ende des *Sacre*, dann beginnt die Musik von vorn, und die Aktionen der beiden Tänzer beginnen. Hoghe bringt mit den Zitaten Strawinsky in die Präsenz seiner Inszenierung. Er montiert sein Material, fragmentiert, lässt auch die Stille sprechen. Er gibt einen Kommentar zu diesem Klassiker der Moderne, indem er mit einem eigenen Stück antwortet, das ein Entsprechungsmodell entwirft.

Hoghes *Sacre* kann man auch als Fortschreibung einer *Sacre*-Sequenz in *Young People, Old Voices* sehen. Es gibt keine Dekodierungsregeln, die stückintern die Bedeutungszuordnung erleichtern würden. Statt dessen verweist er auf eigene Stücke und auf fremde – das rote japanische Papier erinnert an das rote Kleid in Bauschs Fassung. Hier ist der Papierbogen geometrische Form und sakraler Bereich, fungiert als Material, das Körperteile verdeckt und Schatten sichtbar macht, er wird zum gemeinsamen Raum für den jungen und den älteren Mann, definiert den Zwischenraum zwischen den Männern, substituiert die räumlichen Leerstellen zwischen ihnen.

Ein Jahr später brachte Hoghe *Swan Lake, 4 Acts* heraus. Wieder gibt es Vorarbeiten, Spuren in früheren Werken. In *Dialogue with Charlotte* lässt er Charlotte Engelkes Schwäne aus Papier zu einem akkuraten Corps de ballet in Reihen auf der Bühne arrangieren. In *Tanzgeschichten* evoziert die Ballerina Ornella Balestra mit ihrer minimalistischen Schulterversion eines Flügelschlags ein ganzes Solo. In *Sarah, Vincent et moi* ist es Sarah Chase, die sich zum berühmten musikalischen Schwanenmotiv seitlich auf den Boden legt und den Arm wie den Hals eines Schwans hin und her bewegt. *Swan Lake, 4 Acts*, das 2006 mit dem Prix de la Critique Française für die beste ausländische Produktion des Jahres ausgezeichnet wurde, bietet vier Akte in zweieinhalb Stunden. Jeder Akt ist begleitet von Tschaikowski-Ausschnitten in Einspielungen von Leonard Bernstein, Wolfgang Sawallisch, Pierre Monteux und Eugene Ormandy. Das Stück baut sich aus Wiederholungen und Variationen auf. Es lässt Raum für Assoziationen und Erinnerungen, an die von der Musik und einzelnen Momenten aufgerufenen Kopfneigungen, Armschwünge, Sprünge, Kopfwendungen und Bewegungsimpulse, die sich in uns, im Zuschauer, angesammelt haben.

Es ist ein kunstreflexives Programm, das Hoghe hier verfolgt. Die Produktionsinstanz bildet sich in der Werkstruktur selbst mit ab. Das, was früher partiell vorhanden war, ist nun im großen Format aufgespannt: Der Körper Hoghes wird zum Kulminationspunkt und in direkten Bezug zur klassischen Kunst gesetzt – nach einer langen Reihe von Initiationen seines von der Norm abweichenden Körpers in die Kunst.

Es folgten 2007 die Auseinandersetzung mit Maria Callas, *36, Avenue Georges Mandel*, und mit dem *Boléro* von Ravel, *Boléro Variations*, ein Jahr später dann *L'Après-midi*, geschaffen für Emmanuel Eggermont. Claude Debussys *Prélude à l'après-midi d'un faune* rahmt in zwei Interpretationen die zehn Solovariationen Eggermonts, ergänzt um fünf Lieder von Gustav Mahler und drei Kammermusikwerke Debussys. In sorgsam durchkomponierte und in vielfältige räumliche Bezüge gesetzt, folgt die Inszenierung einer ansteigenden energetischen Kurve, die im Liegen beginnt und einen Tanz der Gesten und Posen bietet, der von kristalliner Schönheit und überlegener Ruhe ist, ein Spiel der Blicke, der reduzierten Gesten, der genau gesetzten Winkel. Hoghes Minimalismus paart sich hier mit balanchinesker Neoklassik, extrem verlangsamt, aber von ähnlicher Transzendenz. Hoghe bildet wieder den Referenzpunkt, er füllt Gläser mit Milch, arrangiert sie als raumgliederndes Prinzip, setzt deren strahlendes Weiß als Farbakzent.

Zuletzt kulminierte Hoghes Auseinandersetzung mit der europäischen Tanzgeschichte in dem Stück *Pas de Deux*, in dem er mit Takashi Ueno auf der Bühne steht und sich dem Herzstück des klassischen Balletts widmet, dem Pas de deux, Signatur tänzerischer Virtuosität. In Hoghes ökonomisch reduzierter Form gewinnt der Pas eine neue Qualität und Bedeutung, indem er ihn umkodiert und etwa einen Tango einfügt.

Auch in diese Reihe der Beschäftigung mit dem Erbe des Tanzes gehört *Si je meurs laissez le balcon ouvert*. »Wenn ich sterbe, lasst die Balkontür offen« – diesen Satz, der ein Gedicht von Federico García Lorca eröffnet und beschließt, sagt auf Französisch im Stück die Schauspielerin Astrid Bas. Ein Satz, der das Thema des Stücks – den Tod – umspielt, aber auch jenes vielfältige Netz von Bezügen, an denen das Œuvre von Hoghe so reich ist. Zentrale Figur in diesem – wie viele seiner jüngeren Stücke beim Festival »Montpellier Danse«[9] uraufgeführten – Werk ist Dominique Bagouet, der Begründer von »Montpellier Danse«. Als klassisch ausgebildeter Tänzer mit großer Liebe zum zeitgenössischen Tanz übernahm er 1980 in der südfranzösischen Stadt eines der ersten regionalen choreographischen Zentren Frankreichs. Es waren die aufregenden und für den Tanz so wichtigen 1980er Jahre. Bagouets Stil war raffiniert, sehr schnell, wurde als »barock« apostrophiert, aber er war auch von radikaler Langsamkeit und brutaler Dunkelheit, was Hoghe, der Verfilmungen der Stücke Bagouets beim Festival in Montpellier gesehen hatte, sehr berührte. »Ich fand darin etwas, was verloren ist im zeitgenössischen Tanz, und Jean-Paul Montanari, der Leiter des Festivals, sah wohl auch eine Verbindung zwischen meinem Werk und dem von Bagouet. Er fragte, ob ich ein Stück zu Bagouet machen wolle.«[10]

Eine Rekonstruktion sollte es nicht werden. Hoghe recherchierte – ähnlich wie bei dem Stück zur Callas – nicht im Kreis derer, die mit ihm gearbeitet hatten, sondern sah seine Filme, hörte und las, was Bagouet gesagt hatte. 1992 ist Bagouet an den Folgen von Aids gestorben, Hoghe hat viel über Menschen geschrieben, die Aids hatten, gestorben sind. Über den französischen Schriftsteller und Photographen Hervé Guibert etwa. Auch hier ergeben sich starke Berührungspunkte. Bagouet, Guibert und Lorca verbindet die Homosexualität. »Es sind Leute, die vor ihrer Zeit gestorben sind«, sagt Hoghe.

Er nähert sich Bagouet auf Augenhöhe an. Das Stück, das in kompletter Schwärze beginnt und einen wahren Farbenrausch hervorzaubert, ist angereichert mit Verweisen, Zitaten, Anspielungen und Beziehungen: auf das eigene Werk, auf das von Bagouet, auf die Bücher und ein filmisches Selbstporträt von Guibert.

Abschied, die Trauer über den Verlust, das Abwesende, die Erinnerung – das sind Hoghesche Themen, die er immer wieder bearbeitet hat. Auch hier sehen wir das ritualisierte Ausschreiten des Raums, die Wiederholungen von Bewegungen, die ruhigen Handlungen. Hineinverwoben sind jedoch auch überraschend komplexe tänzerische Passagen, leichtfüßige, elegante Soli wie die von Emmanuel Eggermont, der sich von Bagouets Videos inspirieren lässt, die er sich vor der Vorstellung ansieht, ohne sie dann zu kopieren.

Vergessen ist eine sehr private Idee

Dieser Satz fällt in einem Gespräch mit Luca Giacomo Schulte und Raimund Hoghe. *Vergessen – wie macht man das?* lautet der Titel einer Reportage von Hoghe über Begegnungen in einem jüdischen Altenheim in Düsseldorf.[11] Erinnerungen wachzuhalten, das ist sein künstlerisches Thema, sie mit der Gegenwart zu verbinden, sein Anliegen. Hoghe, der nicht in die Vergangenheit greift, ohne sie mit der Gegenwart zu verknüpfen, entwickelte eine Werkstruktur, die diesem zwischen Privatheit und Repräsentativität oszillierenden Denken entspricht. Konsequent kontrastiert er persönliche Erinnerungen mit dem zeitgeschichtlichen Kontext, ruft mit seinen auf der Bühne gesprochenen Texten, mit der Musik, die er spielt, den Verweisungsfeldern, die er aufspannt, das kulturelle Gedächtnis auf, an dem wir alle teilhaben. Erinnern ist eine Kompetenz. Dank ihr entsteht etwas Neues, öffnen sich Türen, weitet sich der Blick.

9 Siehe den Beitrag von Thomas Hahn in diesem Band, Seite 66–71.
10 Unpubliziertes Interview, Juni 2010.
11 Raimund Hoghe: *Vergessen – wie macht man das? Begegnungen im jüdischen Altenheim,* in: ders.: *Wo es nichts zu weinen gibt. Porträts und Reportagen,* Düsseldorf (Eremiten-Presse) 1987, S. 23–35.

Postkarte zur Premiere von *Young People, Old Voices*

Rodolpho Leoni

MEINWÄRTS

Raimund Hoghe

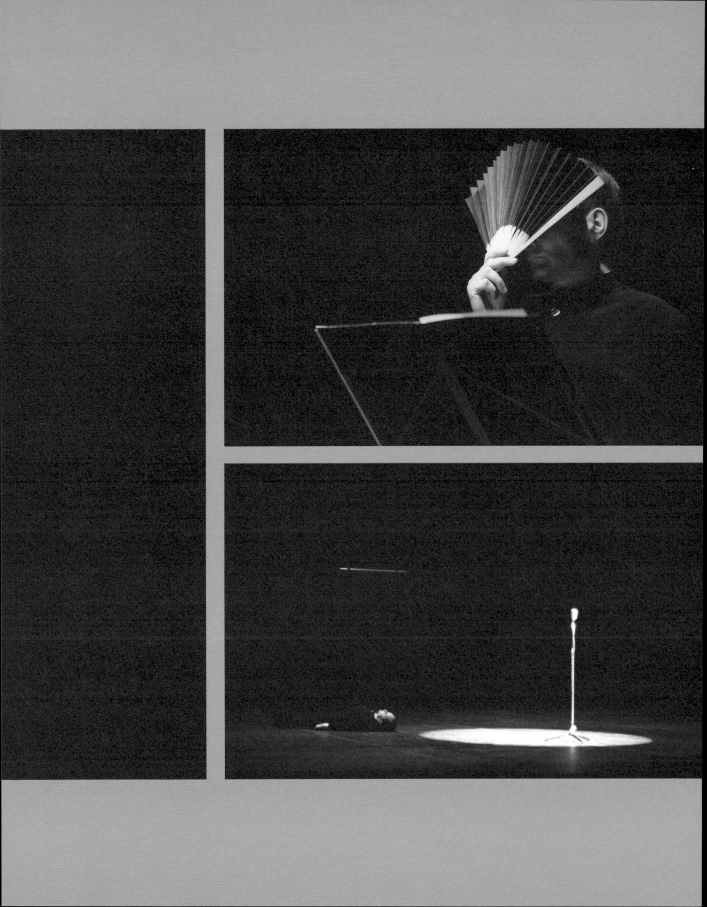

Geraldo Si Loureiro

CHAMBRE SÉPARÉE

Raimund Hoghe

Raimund Hoghe und Charlotte Engelkes

Raimund Hoghe

ANOTHER DREAM

Raimund Hoghe

Chambre séparée

Das blaue Kleid der Wartefrau

RAIMUND HOGHE

Das blaue Kleid der Wartefrau

Porträts, Reportagen und Bruchstücke als Spiegel der Realität

Einmal habe sie sich zu Weihnachten ein langes blaues Kleid gewünscht. »Kauf dir das am besten selbst«, habe ihr Mann gemeint. Aber sie habe es dann doch nicht getan, und als ihr Mann am Heiligen Morgen fragte, was sie am Abend anziehen wolle, habe sie wie in den vergangenen Jahren ihren langen schwarzen Rock tragen wollen und die Silberlurexbluse mit den Fächerärmeln, »wo ich immer so schön die Gläser umwerfen kann. Und als die Bescherung losgeht, hängt am Wohnzimmerschrank ein wunderschönes langes blaues Abendkleid mit spitzem Ausschnitt und langen Ärmeln – so ganz zeitlos geschnitten.« Nur ein Stück zu lang sei es ihr gewesen und am Ausschnitt ein bißchen nackt. »Da mußt du dir oben eine Blume kaufen«, hat mein Mann gesagt – und dann bin ich herumgelaufen.« Denn die Ansteckblumen seien entweder zu teuer gewesen oder in der Farbe nicht passend – »da mußte 'ne weiße dran«. Schließlich habe sie auch eine gefunden, in einem Blumengeschäft, eine aus Seide für die Vase. »Die war weiß und kostete nur 1,75.« Die Blüten habe sie vorsichtig auseinandergepflückt und mit dem Faden leicht drangenäht ans Kleid – »da sah das gleich ganz anders aus«. Anziehen könne sie ihr Langes Blaues jedoch nur selten. »Wenn Hochzeiten sind oder am Heiligen Abend, wenn wir zur Schwiegermutter gehen – da sind wir alle in lang. Und dann zieh'ich es Karneval an. Da tun wir uns schön anmalen und kleben uns glitzernde Sterne ins Gesicht und in die Haare und – dann machen wir Aufnahmen.«

Das blaue Kleid. Mit der Geschichte dieses Kleides fing alles an. Maria Rüb erzählt sie in dem Film »Sydney an der Wupper – Dreamtime«. Als ich sie hörte, wollte ich mehr wissen von ihr und ihrem Leben, ihrem Alltag, ihren Träumen, die sich auch in ihrem blauen Kleid zu

spiegeln schienen. Warum hatte die Geschichte mich so berührt? Warum ging mir das blaue Kleid nicht mehr aus dem Kopf? Weil meine Mutter Schneiderin gewesen war, für die besser gestellten Frauen aus der Nachbarschaft genäht hatte und mit einem Rädchen über die Schnittmusterbogen wie über eine Landkarte gefahren war? »Warum? Weil. Erklärungen sind nur ein Bruchteil der Wahrheit«, schrieb die Lyrikerin Rose Ausländer, die ihre letzten Lebensjahre im Zimmer Nr. 419 des jüdischen Altenheimes in Düsseldorf verbrachte, jahrelang ans Bett gefesselt war und doch nicht resignierte, einfache Gedichte gegen den Alltag auf der Pflegestation setzte und mit ihren Träumen zu überleben suchte. »Wir werden uns wiederfinden / im See / du als Wasser / ich als Lotusblume // Du wirst mich tragen / ich werde dich trinken // Wir werden uns angehören / vor allen Augen // Sogar die Sterne / werden sich wundern: / hier haben sich Zwei / zurückverwandelt / in ihrem Traum / der sie aus / erwählte.«

Es schellt. Maria Rüb, 52, Wartefrau in einer Bahnhofstoilette in Wuppertal, steht auf und geht zur Tür. »Guten Tag.« »Guten Tag«, höre ich durch die angelehnte Tür. Die Fenster des zwischen den Toiletten liegenden Aufenthaltsraumes sind mit gelblicher Farbe zugemalt; vor den undurchsichtigen Glasscheiben zieht ein silbernes Band die weißen Gardinen zur Seite. Maria Rüb kehrt zurück und legt zwanzig Pfennig in eine Zigarrenkiste. »Im vierten Jahr« arbeitet sie jetzt in der von der Stadt an eine Privatfirma vermieteten Toilette. »Vorher war ich ein Jahr lang arbeitslos und hab' gestempelt. Ich hab' immer an Arbeit gedacht, aber nur Absagen gekriegt. Überall hieß es: ›Zu alt, zu alt‹ oder ›Wir suchen keine‹. Auch das Arbeitsamt hatte keine Arbeit, und dann hab' ich eine Freundin angerufen, und die hat mir die Nummer von der Firma gegeben und ich konnte gleich anfangen mit einem Stundenlohn von 6,60 Mark.« Seitdem ist sie in der ein paar Meter unter der Erde gelegenen Bahnhofstoilette Wartefrau: eine Woche von 7 bis 13.30 Uhr, in der anderen von 13.30 bis 20 Uhr, alle zwei Wochen sonntags von 13 bis 20 Uhr. »Ich hab' jetzt 700 Mark im Monat«, berichtet Maria Rüb — »aber ich kleb' wenigstens für die Rente. Ich hab' meine ganzen Unterlagen zusammen, und so lange wie ich gesund bin, will ich arbeiten. Ich will nicht aufhören, bis ich 63 bin. Und dann muß ich mal gucken, wieviel Rente es dann gibt. Ich will sehen, daß ich eine gute Rente hab', daß ich dann versorgt bin und nicht vom Sozialamt leben muß — das wär' für mich ein Horror.«

Die Sätze, die Haltungen, die Welt von Maria Rüb sind mir vertraut. Aus der eigenen Kindheit. Aus den fünfziger und sechziger Jahren. Aus Begegnungen mit anderen sogenannten einfachen Frauen — ob sie nun als Toilettenfrau arbeiten oder am Fließband, als Näherin oder Serviererin, Fräulein Helga oder Maria gerufen werden, Gertrud oder Hilde, Erika oder Lisbeth. Die Namen sind austauschbar, und die Geschichte von Maria Rüb spiegelt für mich die ungeschriebene Geschichte vieler Frauen. Doch selbst wenn sie schließlich stellvertretend auch für andere steht: erst einmal steht Maria Rüb für sich. Als ich mich entschloß, über sie zu schreiben, tat ich das nicht, weil ich auf der Suche war nach der Lebensgeschichte einer typischen Klofrau. Mein Ausgangspunkt ist immer die konkrete Person, in diesem Fall eine 52jährige Frau, die als Toilettenfrau arbeitet.

Er werde oft aufgefordert, mal einen Film über einen Straßenkehrer, einen Studenten oder Polizisten zu machen, berichtete Georg Stefan Troller einmal im Gespräch und meinte: »Das kann ich nicht. Für mich sind Menschen keine Vertreter einer Berufsschicht, sie stehen nicht für etwas, sondern sind sie selber.« Die von ihm in einem Film porträtierte französische Philosophin Simone Weil schrieb in einem ihrer Bücher:

»Jedes Wesen ist ein stummer Schrei danach, anders gelesen zu werden.«

»Ich hab' ja immer gearbeitet«, sagt Maria Rüb. Sie sagt das so, daß darin kein klagender Ton ist, nur Selbstverständlichkeit. 1944, als sie noch keine 14 ist und »sehr zierlich«, macht sie gleich nach der Schule ihr Pflichtjahr, »in einem Lebensmittelgeschäft. Da hab' ich den Laden sauber gemacht, Lebensmittelmarken aufgeklebt, auf die Kinder der Leute aufgepaßt. Und dann hab' ich noch in den Fabriken gearbeitet und später bin ich zur Gastronomie übergewechselt und hab' bedient.« Ins neueröffnete »Bierhaus Schmidt« sei sie mit einem Trick gekommen. »Ich hab' einfach gesagt, ich hätt' schon mal gekellnert — wenn ich gesagt hätte, ich hab' immer nur in der Fabrik an der Maschine gearbeitet, hätten die mich ja nicht genommen.« Bei ihrem ersten Gast sei sie dann ganz aufgeregt gewesen und habe einen roten Kopf bekommen, doch das habe sich schnell gelegt »und ich bin dageblieben«. Später wechselt sie noch in ein Speiserestaurant, »wo viele Geschäftsleute waren«, und in ein großes Café. »Da haben die Kolleginnen zu Anfang immer über mich gelacht und gemeint, ›Du hast aber Mut, hier anzufangen‹, weil — ich konnte nur zwei Teller auf einer Hand halten und die hatten immer vier drauf. Und nachher«, fügt Maria Rüb nicht ohne Stolz hinzu, »hab' ich das auch gekonnt.«

Was interessiert einen an einem Menschen? »Was in uns bleibt, als Eindruck über einen Menschen, was in uns geblieben ist, ist nicht, ob er einen roten oder schwarzen Schlips anhatte«, stellte die Schauspielerin Elisabeth Bergner im Gespräch fest. »Warum? Weil. Erklärungen sind nur ein kleiner Bruchteil der Wahrheit.« »Einfach ich sein«, sagt die Schauspielerin Rosel Zech. Sein.

Was mich, unter anderem, an einem Menschen wie Maria Rüb interessiert: Wie sich ein Mensch behauptet, seinen Stolz und seine Würde, seine großen und kleinen Träume verteidigt.

Was sie früher habe werden wollen, frage ich sie einmal. »Ich dachte immer, man könnte irgendwo hinschreiben und dann beim Film mitmachen. Aber so einfach ist das nicht. Man muß ja auch Talent haben, und ich bin keine Schauspielerin — 'ne einfache Frau bin ich.« Sie sei nur immer gern ins Kino gegangen, erinnert sich Maria Rüb. »Einmal gab mir mein Vater eine Lebensmittelmarke, mit der ich Brot *kaufen sollte. Ich geh' da die Berliner Straße lang und komm' am Odin vorbei und — da hab' ich mir draußen die ganzen Bilder angeguckt. Heute hängen da ja nur Plakate, aber früher war alles voll Bilder — und ich war so begeistert davon und geh' rein und guck' mir den ›Weißen Traum‹ an und hab' kein Geld mehr, kein Brot und nix. Zu Hause hab' ich dann meinen weißen Traum gekriegt — ein paar Ohrfeigen.«*

Die Annäherung an die Geschichte von Maria Rüb: nicht nur ein schreibend unternommener Versuch, die Realität, den Alltag, das Leben eines Fremden zu spiegeln, sondern auch ein Versuch der Annäherung an die eigene Geschichte. Verbindungslinien werden sichtbar, Gemeinsamkeiten — selbst wenn sie sich nur in einem Detail zeigen. Auf einem seit der Kindheit aufbewahrten Filmprogrammheft von »Freddy und der Millionär« fällt mir plötzlich der Stempel des Kinos auf, von dem Maria Rüb gesprochen hatte. Erinnerungen werden wach. An den dunklen Saal. Den sich öffnenden Vorhang aus Samt. Die Wochenschau in Schwarzweiß und die Kinowerbung in Farbe. Die Eiskreme-Verkäuferin und die Vorfilme. »Demnächst in diesem Theater …« Filme mit Lieselotte Pulver und Heinz Rühmann. Doris Day und Rock Hudson. Ruth Leuwerik und Peter Alexander. Dietmar Schönherr und Caterina Valente in dem Farbfilm »Du bist wunderbar«. Wenn man aus dem Kino kam, sah man das Stoffgeschäft, in dem meine Mutter einige Jahre als Verkäuferin arbeitete. Wenn ich sie im Laden besuchte und sie für eine Kundin den Futtertaft riß, hielt ich mir die Ohren zu.

Das Geräusch von zwei Paar Damenschuhen, die Steintreppen zum Klo hinuntergehend, hallt in den Raum. Eine selbstsichere jugendliche Frauenstimme sagt: »Das stinkt ja schon zwei Meilen gegen den Wind.« Maria Rüb steht auf, öffnet die Tür und sagt: »Guten Tag«, kehrt zurück, legt zweimal zwei Groschen in die Tabakkiste. Ich frage sie nach ihren Aufgaben als Wartefrau. »Punkt eins: ich muß dafür sorgen, daß hier alles sauber ist. Dann muß ich die Türen öffnen und 20 Pfenning kassieren und abliefern — und da führ' ich auch Buch drüber.« Für 1,50 Mark läßt sie auch ein Bad ein. Die Möglichkeit, neben den Toiletten zu baden, würden Deutsche und Ausländer nutzen. »Es gibt welche, die kommen ständig — ich hab' viele Stammgäste«, berichtet

Maria Rüb, und »Die mich kennen, die nennen mich Frau Maria.« Frau Maria ist sie auch für die Stadtstreicher, die oft vor dem Eingang der Herrentoilette stehen. »Die können ja nicht einfach irgendwo in ein Lokal gehen — die sind ja so verlassen. Die trinken dann hier draußen ihr Bier und sind friedlich — die sind ja auch froh, daß ich nicht die Polizei hol'. Und wenn ich denen sag', daß sie ihren Dreck selbst wegräumen müssen, sagen sie: ›Ja, Frau Maria, machen wir.‹« »Wissen Sie«, erklärt sie mir später, ich sag' immer: Hinter mir ist keine Putzfrau. Putzfrau bin ich selbst.«

Menschen wie Maria Rüb gelten als sprachlos. Zu vermitteln, daß sie es nicht sind, ist einer der Ansätze meiner Arbeit als Reporter. Stellvertretend für den Leser begegne ich ihnen und höre ihnen zu. Fragen stelle ich während des Gesprächs nur selten. Meine Hauptaufgabe ist die des Zuhörens und Aufzeichnens. Korrigiert, bearbeitet, zurechtgeschliffen werden die Äußerungen meiner Gesprächspartner nicht. Erfinden könnte ich Sätze wie von Maria Rüb schon gar nicht. Schließlich habe ich keine Phantasie — das wußte ich schon, bevor ich bei einer Tageszeitung ein Volontariat gemacht hatte. »Nichts«, sagte Egon Erwin Kisch, »ist erregender als die Wirklichkeit.« Und Alfred Döblin schrieb: »Die Hauptsache am Menschen sind seine Augen und seine Füße. Man muß die Welt sehen können und zu ihr hingehen.«

Wie gehe ich auf einen Menschen zu? Wie erreiche ich es, daß er sich öffnet und erzählt von sich? Die Antwort ist einfach: Indem ich mich auf ihn einlasse und ihm zuhöre — ohne gleich zu bewerten, einzuordnen, zu interpretieren. Wenn diese Offenheit gelingt, ist die Gesprächsdauer nur von untergeordneter Bedeutung. So dauerte auch das Gespräch mit Maria Rüb kaum länger als zwei Stunden — zwei Stunden, in denen ich viel über das Leben eines sogenannten einfachen Menschen erfahren habe, von einer Frau, die gemeint hatte, daß sie doch gar nichts Besonderes zu sagen habe.

»Man hat ja immer so Jugendträume«, stellt Maria Rüb einmal fest und erinnert sich an ihren: »Ich wollte gern einen Förster heiraten und im Wald wohnen. Und mein Mann wollte gern Bauer werden und dachte, reiten ist was Schönes — er dachte, er könnte immer durch die Gegend reiten.« Als sie ihn kennenlernt, ist er »der Tarzan von Langerfeld«. Ich wußte, daß das der Willi war — wir kannten uns schon immer. Er sah gut aus und, mit dem Förster, das hatte ja nicht geklappt, und da hatte ich mir dann gesagt, ich möchte einen Mann, der gut aussieht — und mein Mann sieht bildschön aus. Den mußt du haben, hab' ich gedacht — und was keine geschafft hat, hab' ich geschafft.« Früher sei er Dreher und wie sie in der Gastronomie tätig gewesen, aber dann habe er es in den Beinen bekommen und sich auf Pförtner umstellen müssen. Seit letztem Herbst sei er nun Wachmann in einer Fabrik für Feuerwerkskörper. Bei einem Stundenlohn von 7,03 Mark arbeite er sechs Tage in der Woche, »von abends um sieben bis morgens um sieben. Den seh' ich heute 'ne halbe Stunde und dann ist Schluß«.

»Wir sind, das kann man schon sagen, durch dick und dünn gegangen, wir beide, mein Mann und ich«, erklärt Maria Rüb nach 25 Ehejahren. Die Hochzeit fand zur Zeit des sogenannten Wirtschaftswunders statt. Für sie gab es dieses Wunder nicht. »Wir kriegten hier keine Wohnung. Wir hatten zwar eine rote Karte, aber die war wertlos. Und da wollten wir in die Ostzone gehen, um da zu heiraten und eine Wohnung zu bekommen. Wir dachten, wenn die alle rüberkommen von drüben, muß es da ja leer sein.« Nach Lageraufenthalten und Notquartieren kehren sie jedoch nach ein paar Wochen enttäuscht in den Westen zurück. »Wir wurden noch an die Grenze gebracht und dann saßen wir da auf der Landstraße auf unseren Koffern. Von den ersten fünfzig Pfennig Westgeld hatten wir uns Zigaretten gekauft, und wie wir so dasitzen und rauchen, sagt mein Mann: ›Es heißt, man muß einen Sack Salz zusammen essen, ehe man sich richtig kennt. Aber ich glaube, wir haben schon drei zusammen gegessen.‹ Und da hab' ich mich so gefreut, daß er das gesagt hat, daß ich das nie und nie vergesse. Das sind Worte, die einen stolz machen, ja —.« Maria Rüb hält inne. Ein Moment der Stille entsteht. Ich sehe auf den grünen Teppichbodenrest unter dem Tisch. Maria Rübs Schwägerin, die zu einem kurzen Besuch vorbeigekommen ist, sagt nach einiger Zeit: »Was das für einen Roman gäbe, so ein Leben.« Hinter ihr, auf einer Ablage vor den gekachelten Wänden, stapeln sich »Frau mit Herz« und »Frau im Spiegel«, Regenbogenpresse und Fernsehzeitschriften.

»Man hat halt oft so eine Sehnsucht in sich — aber dann kehrt man zurück mit gebrochenen Flügeln und das Leben geht weiter, als wär man nie dabei gewesen«,

sagt die Karoline in Ödön von Horváths Volksstück »Kasimir und Karoline«. Maria Rüb, denke ich, könnte auch eine Figur in einem Stück von Horváth sein — eine Schwester der Marianne aus »Glaube Liebe Hoffnung«, die abgebaut worden ist und doch nicht aufgibt: »Aber ich lasse den Kopf nicht hängen.« Nicht unverwandt scheint sie mir auch einigen Figuren von Irmgard Keun — zum Beispiel dem »kunstseidenen Mädchen« Doris, das sich wünscht: »Ich möchte ein Glanz sein.« — »Alle möchten wir wie Weihnachtsbäume angezündet werden. Dem Docht einer Kerze gleich, der nicht brennt, bittet eine Seele die andere, meine die deine, sie anzuzünden«, schrieb Else Lasker-Schüler.

Else Lasker-Schüler, Irmgard Keun, Ödön von Horváth — nur drei Namen aus einer langen Liste von Autoren, deren Arbeiten mir nicht aus dem Kopf gehen und mich begleiten. Spuren davon finden sich unter anderem in Zitaten, die in vielen meiner Texte auftauchen und manchmal auch wiederholt werden. Dabei würde ich die genannten Autoren nicht als Vorbilder bezeichnen wollen. Denn ein Vorbild könnte man kopieren wollen — und das kann und will ich nicht. Ich sehe sie eher als Anreger und Maßstab — wie auch die Stücke von Tschechow und die Gedichte von Rose Ausländer, die Bücher von Peter Handke und Christa Wolf, die mich mit ihren Arbeiten immer wieder und nachdrücklich berührt hat, Punkte traf, die mich betreffen — zum Beispiel mit ihrem Buch »Störfall — Nachrichten eines Tages«, in dem sie ganz einfach schreibt: »Was will der Mensch. Ich, lieber Bruder, habe mir gedacht: Der Mensch will starke Gefühle erleben, und er will geliebt werden. Punktum.« Daß es möglich ist, ohne falsches Gefühl über die alten Gefühle, Sehnsüchte und die Liebe zu sprechen, hat mir auch die Arbeit einer anderen Frau gezeigt: Pina Bausch, als deren Dramaturg ich schließlich zehn Jahre gearbeitet habe. In unserem ersten Gespräch sagte sie über ihren Ausgangspunkt: »Was ich tu': ich gucke. Vielleicht ist es das. Ich hab' immer nur Menschen beguckt. Ich hab' nur menschliche Beziehungen gesehen oder versucht zu sehen und darüber zu sprechen. Das ist, wofür ich mich interessiere. Ich weiß auch nichts Wichtigeres als das.« Und auch eine im selben Gespräch gemachte andere Äußerung kann ich ohne Einschränkung auf meinen Arbeitsansatz übertragen. »Irgendwie«, sagt Pina Bausch, »bin ich immer als eine Art Verteidiger im Stück – ich hab' immer eine Verteidigerposition. Wo man normalerweise sagt, das ist unangenehm oder nicht richtig, oder was weiß ich, daß ich da eigentlich irgendwie versuche zu verstehen: warum denn eigentlich? Also irgendwo zu begreifen, warum es so ist. Und in dem Moment bin ich ja Verteidiger: wenn ich verstehen will, wie kommt das denn eigentlich überhaupt, daß Menschen sich in einer bestimmten Art und Weise verhalten?«

Arbeiten wie die von Pina Bausch haben mir geholfen, zu sehen – nicht nur auf die Kunst, sondern auch auf das Leben. Zum Beispiel das einer Wartefrau.

Der Alltag. »Ich mach' meine Arbeit. Um halb sechs muß ich raus. *Wir kriegen den ›General-Anzeiger‹ und den hole ich mir rein und lese den, mache Frühstück und das Kind zur Schule.« Die Claudia sei ihr bestes Stück. »Die ist ein ganz liebes Kind. Die ist nicht frech und sehr verständnisvoll für ihre zehn Jahre. Auch sozial ist sie gut, sagt die Lehrerin.« Noch mit 42 Jahren habe sie Claudia gekriegt. Als sie damals zum Arzt ging, habe sie gedacht, sie sei in den Wechseljahren. »Und als der sagte, ich wäre schwanger, hab' ich gelacht und gemeint: ›Sie machen Witze, Herr Doktor‹ – und da war ich schon im fünften Monat schwanger und wußte das gar nicht.«*

Wie nach der Geburt ihrer ersten Tochter in den fünfziger Jahren arbeitet sie auch nach der Geburt Claudias weiter. Zuletzt, vor ihrer Anstellung als Wartefrau und Arbeitslosigkeit, ist sie in der Küchenausgabe einer Tanzbar beschäftigt. »Da hatte ich viele Chancen, Stars zu erwischen – Autogramme. Roberto Blanco, Ireen Sheer, Mary Roos – die waren alle da.« Sie selbst arbeitet in der Diskothek oft bis zum frühen Morgen und manchmal auch an freien Tagen – bis sie eine Erkältung hat, sich längere Zeit nicht gut fühlt und zum Arzt geht. Das ist ein Freitag. Am darauffolgenden Montag liegt sie im Krankenhaus. »Totaloperation. Einen Monat war ich dann im Krankenhaus und einen Monat noch zu Hause krankgeschrieben – daß man dann die Kündigung kriegt, ist auch klar.«

Das einfache Leben. Maria Rüb spricht darüber, ohne zu klagen. Frauen wie sie klagen nicht. »Man darf nicht unzufrieden sein«, sagte auch meine Mutter und trug selbstbewußt die selbstgenähten Kleider. »Es gibt nichts Schweres«, hieß es und: »Man braucht nicht viel zum Glücklichsein.« Diskussionen über gesellschaftliche Zwänge, Ungleichheit der Chancen und soziale Benachteiligung fanden nicht statt. Sie wurden als selbstverständlich betrachtet und hingenommen. Wichtig schien etwas anderes: den Kopf nicht hängen zu lassen, sich nicht unterkriegen zu lassen, seinen Stolz zu bewahren. In einem Text von Tolstoi heißt es: »Bewahrt euch vor allem für euch selbst, dann wird auch noch viel für andere bleiben.«

Die Klingel an der Tür zur Herrentoilette wird gedrückt. Maria Rüb steht auf und öffnet. »Frau Maria, nun schlagen sie mich nur nicht«, höre ich eine verschwommene Männerstimme sagen und notiere: »Nein, ich schlag' nicht. Ich bin ein liebes Mädchen. Aber nicht wieder Sachen ins Klo werfen oder hier stehenlassen. Ordnung ist das halbe Leben.« Das sei einer von denen gewesen, die oft vor der Tür stehen, berichtet sie später, setzt sich wieder an den Tisch und erzählt von ihrer Freundin. »Ich hab' eine echte Freundin: das Lieschen. Die ist jetzt 60 und seit 13 Jahren Wartefrau in der ›Blue note‹. Mit der kann man über alles sprechen. Wir telefonieren, sie besucht mich hier und ich besuche sie, wenn ich Zeit hab'. Das Lieschen – das ist eine ganz wunderbare Frau.«

Heinrich Böll schrieb einmal von der möglichen Größe der sogenannten kleinen Leute. Von dieser Größe erzählt auch eines der mir liebsten und wichtigsten Bücher: »Guten Morgen, du Schöne«, Gespräche mit Frauen in der DDR, protokolliert von der Schriftstellerin und Photographin Maxie Wander. »Mich interessiert, wie Frauen ihre Geschichte erleben, wie sie sich ihre Geschichte vorstellen. Man lernt dabei, das Einmalige und Unwiederholbare jedes Menschenlebens zu achten und die eigenen Tiefs in Beziehung zu anderen zu bringen«, schrieb Maxie Wander in der Vorbemerkung zu ihrem 1978 erschienenen Buch und: »Ich halte jedes Leben für hinreichend interessant, um anderen mitgeteilt zu werden.« Eines dieser Leben ist das der 22jährigen Serviererin Ruth B., deren Geschichte mit einer Frage endet: »Ich frage mich manchmal: Welche Gesellschaft bauen wir eigentlich auf? Man hat doch einen Traum. Ich träume: Die Menschen werden wie Menschen miteinander umgehn, es wird keinen Egoismus mehr geben, keinen Neid und kein Mißtrauen. Eine Gemeinschaft von Freunden. Noja. Jemand wird doch dann da sein, der ja zu mir sagt.« Die nach dem Tod von Maxie Wander veröffentlichten Tagebuchnotizen und Briefe der Autorin trugen den Titel »Leben wär' eine prima Alternative«.

Als junges Mädchen, erinnert sich Maria Rüb, sei sie samstags immer tanzen gegangen. »Samstag war immer der Tag, wo wir tanzen gingen – das hab' ich leidenschaftlich gern getan.« Mit einer Freundin sei sie meist in ein Lokal nach Langerfeld gegangen, einem an ihre Geburtsstadt Schwelm angrenzenden Stadtteil Wuppertals. »Da war keine Kapelle, nur eine Musikbox mit Schallplatten – und da war auch der Willi. Wir hatten immer so Taftkleider an mit Tüllüberwurf, die waren dreiviertellang und ganz weit. Ich hatte eins in Blau und meine Freundin eins in Rosé und dazu die passenden Sandaletten. Und einmal, wir sitzen da und der Kreis um uns wird immer größer, setzt sich einer mit seinem Stuhl auf mein Kleid und als ich aufstehen will, reiß' ich mir ein Loch rein.« Heute gehe sie nur noch selten tanzen. »Höchstens mal Karneval – das ist dann auch 'n Samstag.« Zu mehr fehle ihr die Zeit. »Neulich wollte ich mich auch dem Karneval anschließen und in einen Verein gehen, aber ich kann das nicht mit dem Beruf vereinbaren – Arbeit geht ja vor.« Doch Claudia sei seit einem Jahr im Verein und habe auch die Uniform. An das Kostüm als Funkenmariechen war sie schon vorher gekommen, eher zufällig. »Sie wollte eigentlich als Prinzessin gehen. Und wie wir in der Stadt sind und vor einem Schaufenster stehen, sagt sie: ›Du guckst überall, nur nicht nach der Krone‹ – in einer Ecke hatte ich nämlich so eine Puppe von einem Funkenmariechen gesehen. Und dann hab' ich ihr so ein rotes Kleid gekauft und weiße Strümpfe und Stiefel mußte sie sowieso haben, dann hab' ich die in Weiß geholt. Und die sah so schön drin aus – da hab' ich gleich ein Pixy-Photo machen lassen.«

Motive wiederholen sich und kehren wieder. Zum Beispiel das der Kleider, die am Ende immer wieder für die Träume stehen, und das der Photos, die bei besonderen Anlässen gemacht werden und etwas Schönes bewahren, festhalten, wiedergeben sollen. Dieser Wunsch ist mir nicht fremd. Auch ich mache Photos und will mit ihnen etwas bewahren, festhalten, wiedergeben. Zumeist entstehen sie nach den Gesprächen mit den Menschen und drücken oft aus, was ich mit Worten nicht sagen kann, aber dem Bild ablesbar ist.

Photos sind für mich immer wieder Vorbilder für die Arbeit am Text. Die Bilder von August Sander und Stefan Moses zum Beispiel, die Aufnahmen des blinden Photographen Evgen Bavcar, der seine Bilder aus der Erinnerung an die in der Kindheit noch gesehene Welt schafft, und die der Ostberliner Photographin Helga Paris, die einmal sagte: »Eigentlich ist Photographieren eine Haltung. Technisch ist es ja überhaupt kein Problem, ein Photo zu machen. Das Wichtigste ist, daß man eine Haltung und eine Meinung hat.« Dasselbe, denke ich, gilt auch für das Schreiben. Die Haltung ist wichtig – die des Autors wie die des Lesers, der die fremde Geschichte mit seiner Geschichte verbinden kann. Dabei habe ich, für mich, auch den Wunsch, daß der Text wie ein Photo betrachtet werden kann und der Betrachter aus dem Sichtbaren seine Schlüsse zieht. »Die Wahrheit zu sehen, müssen wir vertragen können, vor allem aber sollen wir sie unsern Mitmenschen und der Nachwelt überliefern, sei es günstig oder ungünstig für uns«, formulierte August Sander 1927 anläßlich einer Ausstellung seiner »Menschen des 20. Jahrhunderts« im Kölnischen Kunstverein.

Eine Frau im violetten Regenmantel kommt in die Bahnhofstoilette, nimmt dort ein Bad und macht sich zurecht, geht als Diva heraus und träumt vor dem leeren Glaspavillon überm Klo von Hollywood-Glamour und großen Posen, Liebesdialogen und Tanzhaltungen – Szenen aus dem Kurzspielfilm »Sydney an der Wupper – Dreamtime«, den die Kölner Filmemacherin Bettina Woernle mit der Australierin Meryl Tankard und Maria Rüb als Wartefrau drehte. Ob ich schon einmal in Australien gewesen sei, fragt sie mich. Ja, sage ich und erzähle beinahe entschuldigend von der Weite, dem blauen Himmel, der Sonne, den Palmen und dem Meer. Sie sei noch nie im Ausland gewesen, stellt Maria Rüb beiläufig fest und korrigiert sich: »Doch, einmal, in Holland auf einem Schiff. Da haben wir eine Butterfahrt gemacht. Morgens sind wir losgefahren und abends waren wir wieder zu Hause.«

Eine Geschichte setzt sich aus vielen Einzelheiten zusammen, aus Bruchstücken, die auch für sich stehen können, isoliert, in neuen Zusammenhägen. So wie ich jetzt die Geschichte von Maria Rüb nach jedem Abschnitt unterbrochen habe, lassen sich auch einzelne Passagen aus dem Text herauslösen – beispielsweise Maria Rübs Erzählung von der Butterfahrt nach Holland, die schon am Abend wieder endete. Sie taucht auch in einem aus Bruchstücken zusammengesetzten Text mit dem Titel »Lieben Sie Deutschland?« auf. Geschichten immer mehr zu verknappen, in ein, zwei Sätzen zu erzählen, interessiert mich zur Zeit immer mehr. Im Kleinen ist schließlich das Große zu entdecken, im Detail spiegelt sich das Ganze. Wichtig ist nur, genau hinzusehen, den Blick zu schärfen – nicht zuletzt für die kleinen Dinge am Rande, die Details, die man (wie Georg Stefan Troller kürzlich schrieb) »nicht erfinden kann und die auch nicht so kommen, wenn man den eigenen Faden zum Netz ausspinnt«.

»Der Duft der großen weiten Welt.« Maria Rüb zündet sich eine Stuyvesant an. In der vor ihr liegenden »Freizeit-Revue« beginnt der »neue Roman einer großen Liebe: Der Prinz und die Ballerina«. Jeden Morgen gucke sie in die Zeitung und sehe für ihren Mann die Stellenanzeigen durch. »Aber da steht immer: ›Junger Mann, 25 bis 30‹ – ein Jahr drüber ist schon zu alt, und der ist schon 49. Und wenn ich ihm das immer vorles', sagt er schon: ›Kannst du mir nicht mal was anderes sagen?‹ Und ich würd' ja auch gern – wenn was anderes drinstehen würde.« Doch es sei immer das gleiche und das Leben sei traurig und doch nur 'n Kampf. »Da haben's die besser, die tot sind – die müssen nicht mehr kämpfen. Wissen Sie, ich interessier' mich dafür – in den Zeitungen sind doch oft solche Artikel über Leute, die schon mal tot waren und die man zurückgeholt hat, und die haben immer so eine schöne leise Musik gehört. Da denk' ich manchmal dran und stell' mir das vor, immer mit dieser schönen Musik und –. Ach, ich dachte, du schläfst«, unterbricht Maria Rüb und sieht zur Tochter, die sich in eine

Ecke gelegt und in einem Bilderblatt ein Preisausschreiben entdeckt hat. »Hier kann man was von ›E. T.‹ kriegen, ganz umsonst, man muß nur hinschreiben.« »Dein Schein kommt in die Lostrommel«, erklärt Maria Rüb – »wie beim ›Großen Preis‹. Und wenn du Glück hast, dann kannst du vielleicht was gewinnen. Vielleicht 'nen Trostpreis.«

Die Geschichte von Maria Rüb ist zu Ende und könnte wieder von vorn beginnen – mit der Geschichte eines Kleides, eines Wunsches, eines Heiligen Abends.

Einmal habe sie sich zu Weihnachten ein langes blaues Kleid gewünscht. »Kauf dir das am besten selbst«, habe ihr Mann gemeint. Aber sie habe es dann doch nicht getan, und als ihr Mann am Heiligen Morgen fragte, was sie am Abend anziehen wolle, habe sie wie in den vergangenen Jahren ihren langen schwarzen Rock tragen wollen und die Silberlurexbluse mit den Fächerärmeln, »wo ich immer so schön die Gläser umwerfen kann. Und als die Bescherung losgeht, hängt am Wohnzimmerschrank ein wunderschönes langes blaues Abendkleid mit spitzem Ausschnitt und langen Ärmeln – so ganz zeitlos geschnitten.« Nur ein Stück zu lang sei es ihr gewesen und am Ausschnitt ein bißchen nackt. »Da mußt du dir oben eine Blume kaufen‹, hat mein Mann gesagt – und dann bin ich herumgelaufen.« Denn die Ansteckblumen seien entweder zu teuer gewesen oder in der Farbe nicht passend – »da mußte 'ne weiße dran«. Schließlich habe sie auch eine gefunden, in einem Blumengeschäft, eine aus Seide für die Vase. »Die war weiß und kostete nur 1,75.« Die Blüten habe sie vorsichtig auseinandergepflückt und mit dem Faden leicht dran genäht ans Kleid – »da sah das gleich ganz anders aus«. Anziehen könne sie ihr Langes Blaues jedoch nur selten. »Wenn Hochzeiten sind oder am Heiligen Abend, wenn wir zur Schwiegermutter gehen – da sind wir alle in lang. Und dann zieh' ich es Karneval an. Da tun wir uns schön anmalen und kleben uns glitzernde Sterne ins Gesicht und in die Haare und – dann machen wir Aufnahmen.«

Der Text wurde 1995 publiziert in »… daß einfach sich diktierte Zeilen legen …« Autoren schreiben über ihr Genre. Köln-Düsseldorfer Poetiklesungen. Band I, herausgegeben von Liane Dirks, Dülmen-Hiddingsel (tende) 1995, S. 48–66.

Ornella Balestra und Raimund Hoghe in Tanzgeschichten

Raimund Hoghe in *Meinwärts*

Anschlussstelle Text

KATJA SCHNEIDER

Anschlussstelle Text

Zum frühen Solo **Meinwärts** und zu Strategien der Intertextualität

Meinwärts war das erste Stück, das Raimund Hoghe für sich selbst als Tänzer schuf. Es folgten in wenigen Jahren drei weitere Soli, in denen er in Zusammenarbeit mit dem bildenden Künstler Luca Giacomo Schulte individuelle Erinnerungen an kollektive Befindlichkeiten und Biographien thematisiert: Auf *Meinwärts* (1994), das auf den jüdischen Kammersänger Joseph Schmidt fokussiert, der vor der Verfolgung im nationalsozialistischen Deutschland fliehen musste und 1942 in einem Schweizer Internierungslager starb, folgten *Chambre séparée* (1997), *Lettere amorose* (1999) und *Another Dream* (2000). In *Chambre séparée* steht Hoghes Mutter im Zentrum und seine Kindheit im Deutschland der 1950er Jahre, in *Another Dream* erinnert er sich an die 1960er Jahre. *Lettere amorose* thematisiert die Exklusionsstrategien der Gegenwart, Fremdenfeindlichkeit, Rassismus und generell den Umgang mit Abweichungen.[1]

Alle vier Stücke markiert eine besondere Kontextualisierung und Repräsentanz von Text, wobei der Solist, Raimund Hoghe, die Verbindungen zwischen kulturellem Archiv und Individuum herstellt, und zwar zum einen in der Funktion als Sprecher und Zitator, zum andern in der Funktion als verknüpfende Instanz zwischen Archiveinspielungen.

Es sind dokumentarische und literarische Texte, die Hoghe in seinen Soli spricht – ohne technische Verstärkung, in neutralem Duktus. Doch differiert der Gestus des Vortrags von Stück zu Stück. In *Meinwärts* holt er einen Notenständer herbei, auf den er seine Blätter legt, von denen er den Text abliest. Doch den ersten Text trägt er auf dem Rücken liegend vor. In *Chambre séparée* ist der Akt des Vorlesens ebenfalls deutlich abgesetzt von der Art und Weise, wie Hoghe sonst im Stück agiert: Um die Texte vom Blatt zu lesen, kniet er sich durchgängig hin, meist frontal zum Publikum. Beide Arten der Textpräsentation markieren eine starke Zäsur innerhalb des Stücks und heben sowohl den Akt des Lesens als auch dessen episierende Funktion deutlich hervor.

Anders in *Another Dream*: Hier sind die acht live gesprochenen Textpassagen eingeschmolzen in den Ablauf der Handlungen, die Hoghe vollzieht. In diesen Fällen ist die episierende Tendenz der Textpräsentation deutlich schwächer, zumal er dann auch keine materialen Träger des Textes benutzt (Manuskriptblätter) wie in *Meinwärts* und *Chambre séparée*. In *Another Dream* spricht Hoghe auswendig, und er spricht erstmals von »ich«. Dieses »Ich« erinnert sich. Hoghe greift dabei zurück auf einen von ihm geschriebenen Text, der 1999 (im Jahr vor der Premiere von *Another Dream*) in der Wochenzeitschrift *Die Zeit* publiziert wurde, als Teil der Reihe »Ich erinnere mich«. Jeder Absatz beginnt jeweils mit den prägnanten Worten des Reihentitels.[2]

Diese Intertextualität ist typisch für Hoghes Arbeit mit Text. Er kann auf ein bedeutendes Textarchiv zurückgreifen, das er sich als freier Journalist für *Die Zeit* und den *WDR* erschrieben hat; er veröffentlichte Reportagen, Porträts, Texte zu der Arbeit von Pina Bausch, bei der er in den 1980er Jahren als Dramaturg tätig war, sowie das Buch *Preis der Liebe*[3], über das Leben seiner Mutter und seine Kindheit. Er verwendet Passagen aus *Preis der Liebe* in allen vier Soli. Ob als Autor von schriftlichen Texten oder als Inszenator von Texten im theatralen Kontext, Hoghe arbeitet konsequent intertextuell. *Meinwärts* fand schon als Titel für ein Porträt über Pina Bausch Verwendung.[4] Er zitiert in Titeln seiner Arbeiten andere Autoren: *Den Körper in den Kampf werfen* übernahm er von Pier Paolo Pasolini für eine Lecture Performance, *Meinwärts* entstammt einer Gedichtzeile von Else Lasker-Schüler, das Gruppenstück *Si je meurs laissez le balcon ouvert* (2010) verdankt sich Federico García Lorcas Gedicht *Adieu*.

Wie genau und feingeästelt Hoghe sowohl intertextuelle Bezüge herstellt als auch intermediale Verschränkungen schafft, möchte ich an seinem Solo *Meinwärts* und seiner Poetikvorlesung *Das blaue Kleid der Wartefrau. Porträts, Reportagen und Bruchstücke als Spiegel der Realität*[5] zeigen. In diesem poetologischen Text rekurriert er − wie in

seinen journalistischen und literarischen Arbeiten − auf »Else Lasker-Schüler, Irmgard Keun, Ödön von Horvath − nur drei Namen aus einer langen Liste von Autoren, deren Arbeiten mir nicht aus dem Kopf gehen und mich begleiten. Spuren davon finden sich unter anderem in Zitaten, die in vielen meiner Texte auftauchen und manchmal auch wiederholt werden.«[6] Diese Dynamisierung der Textarbeit, in der fragmentiert, verschoben und neu kontextualisiert wird (analog z. B. zu William Forsythes choreographischer Arbeit), zeigt sich auch in Hoghes eigener Textproduktion. Er entwirft eine Ästhetik der Verknappung und der Unterbrechung: »Eine Geschichte setzt sich aus vielen Einzelheiten zusammen, aus Bruchstücken, die auch für sich stehen können, isoliert, in neuen Zusammenhängen. So wie ich jetzt die Geschichte von Maria Rüb nach jedem Abschnitt unterbrochen habe, lassen sich auch einzelne Passagen aus dem Text herauslösen − beispielsweise die Erzählung Maria Rübs von der Butterfahrt nach Holland, die schon am Abend wieder endete. Sie taucht auch in einem aus Bruchstücken zusammengesetzten Text mit dem Titel ›Lieben Sie Deutschland?‹ auf.«[7]

So, wie Texte aus ihrem Zusammenhang in neue literarische Kontexte verschoben werden können, können sie auch in theatralen Situationen auftauchen.

Der Riss, der durch den Stoff geht

Hoghes Poetiklesung *Das blaue Kleid der Wartefrau* gibt Auskunft über die Beziehung zwischen dem, der schreibt, und der Person, über die geschrieben wird. Die Annäherung an Maria Rüb, seine Interviewpartnerin, die als Wartefrau in einer Wuppertaler Toilette arbeitet, beschreibt er auch als den »Versuch der Annäherung an die eigene Geschichte. Verbindungslinien werden sichtbar, Gemeinsamkeiten − selbst wenn sie sich nur in einem Detail zeigen.«[8] Bildlich prägnant, in kurzen Sätzen erinnert sich Hoghe − angeregt von der Erinnerung seiner Interviewpartnerin − an seine eigene

1 Zu den frühen Stücken siehe auch Helmut Ploebst: *no wind no word. Neue Choreographie in der Gesellschaft des Spektakels, 9 Portraits, Meg Stuart, Vara Mantero, Xavier Le Roy, Benoît Lachambre, Raimund Hoghe, Emio Greco / PC, João Fiadeiro, Boris Charmatz, Jérôme Bel*, München (K. Kieser) 2001.

2 Raimund Hoghe: *Wirf deine Angst in die Luft!*, 5. Folge der Reihe: »Ich erinnere mich«, *Die Zeit*, Nr. 22, 27. Mai 1999, S. 82.

3 Raimund Hoghe: *Preis der Liebe*, Aachen (Rimbaud Presse) 1984.

4 Raimund Hoghe: *Meinwärts − ein Zweig, eine Mauer. Versuch über Pina Bausch und ihr Theater*, in: ders.: *Anderssein. Lebensläufe außerhalb der Norm*, Darmstadt, Neuwied (Luchterhand) 1982, S. 102–124.

5 Raimund Hoghe: *Das blaue Kleid der Wartefrau. Porträts, Reportagen und Bruchstücke als Spiegel der Realität*, in: Liane Dirks (Hrsg.): »*... daß einfach sich diktierte Zeilen legen ...«. Autoren schreiben über ihr GENRE. Köln-Düsseldorfer Poetiklesungen*, Bd. 1, Dülmen-Hiddingsel (tende), 1995, S. 48–66. In diesem Band abgedruckt auf den Seiten 42–48.

6 Hoghe (1995), S. 57f., in diesem Band, Seite 45.

7 Hoghe (1995), S. 64., in diesem Band, Seite 48.

8 Hoghe (1995), S. 53., in diesem Band, Seite 44.

Vergangenheit. Die Erinnerung ist getriggert von dem Stempel des Kinos auf dem Programmheft, das ihm die Interviewpartnerin zeigt:

»Erinnerungen werden wach. An den dunklen Saal. Den sich öffnenden Vorhang aus Samt. Die Wochenschau in Schwarzweiß und die Kinowerbung in Farbe. Die Eiskreme-Verkäuferin und die Vorfilme. ›Demnächst in diesem Theater …‹ Filme mit Liselotte Pulver und Heinz Rühmann. Doris Day und Rock Hudson. Ruth Leuwerik und Peter Alexander. Dietmar Schönherr und Caterina Valente in dem Farbfilm ›Du bist wunderbar‹. Wenn man aus dem Kino kam, sah man das Stoffgeschäft, in dem meine Mutter einige Jahre als Verkäuferin arbeitete. Wenn ich sie im Laden besuchte und sie für eine Kundin den Futtertaft riß, hielt ich mir die Ohren zu.«[9]

Hier zeigt sich, wie Hoghe den zeittypischen Kinobesuch aus Publikumsperspektive sukzessive personalisiert, indem er das Kino zunächst mit einem anderen Ort in der Nähe verknüpft (das Stoffgeschäft), diesen dann mit seiner Mutter verbindet (die dort arbeitete), dann mit sich selbst (der sie dort besuchte und ihren Aktionen zusah), um schließlich auf seine persönliche Affiziertheit zu sprechen zu kommen (Ohren zuhalten).

---

9 Hoghe (1995), S. 53f., in diesem Band, Seite 44.

Alle Photos in diesem Text: Raimund Hoghe in *Meinwärts*

Damit etabliert er zwei Welten, heterotopische Orte, mit markanten Gemeinsamkeiten und Unterschieden. Beide Welten sind ›Stoff‹-Lieferanten: das Kino liefert nicht-reale Geschichten, das Stoffgeschäft tatsächlich Stoffe. Beide Welten sind merkantil geprägt (Eisverkäuferin, Stoffverkäuferin), wobei das Eis im Kino eher mit ›Luxus‹ konnotiert ist (Eis, Samt) und der Futterstoff tendenziell mit alltäglicher Kleidung (sonst wäre von einem teureren Stoff wie Seide die Rede). Zwischen beiden Räumen pendelt der Ich-Erzähler, wobei er sich in beiden Bereichen – und auf dem Übergangsweg dazwischen – kategorial als Zuschauer und Zuhörer, als Publikumsäquivalent, bewegt.

Oppositionell gesetzt sind das angenehme »wunderbar« im Kino zu dem Geräusch des Reißens von Taft, das den Ich-Erzähler dazu treibt, sich die Ohren zuzuhalten. Der ›Stoff‹ im Kino löst angenehme Empfindungen aus, der ›Stoff‹ in der Realität unangenehme, gegen die sich der Ich-Erzähler buchstäblich verschließen muss. Der Riss geht durch den Stoff. Korreliert ist dieses Reißen des Stoffes mit der Realität, in der die Mutter als Verkäuferin arbeitet; als optionales Ereignis wäre der Riss im Raum des Kinos zwar prinzipiell möglich (wenn der Film reißt), wird aber literarisch nicht realisiert, nicht einmal in Erwägung gezogen. Mehr noch: Mit der Ankündigung »Demnächst« und der genannten Reihe der Filmpaare wird eine Serialität und Kontinuität suggeriert, die den Raum des Kinos als risslosen, intakten Stofflieferanten

 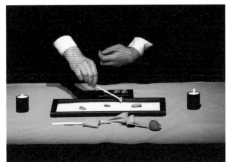

ausweist – mit intakter Oberfläche und dunkler Tiefe. Der heterotopische Raum des Kinos ist durch den sich öffnenden, farbigen Vorhang theatral konnotiert – eine Praxis, die das Kino ja tatsächlich aus dem Theater übernommen hat. Für den Ich-Erzähler beginnt das Theater aber nicht hinter dem Vorhang, auf der Leinwand, sondern es schließt Pragmatik und kulturelle Praxen eines Kinobesuchs mit ein: Werbung, Vorfilme, Eisverkauf. Sie werden in der syntaktischen Verknüpfung des Textes als einzelne Bilder einer Serie präsentiert. Die visuelle Wahrnehmung dominiert; die potentiell mögliche direkte Kommunikation und der materielle Austausch finden nicht statt. Das Eis wird nicht gekauft. Auch nach dem Kinobesuch behält der Autor den (distanzierten) Kinoblick bei, indem er das Stoffgeschäft nicht in seiner topographischen Lage erwähnt, sondern über die visuelle Wahrnehmung in distanzierter Verallgemeinerung (»man sieht«, »besuchte«) einführt. Der Wechsel des dominanten Wahrnehmungsmodus findet erst im Augenblick des Risses statt. Korreliert ist er dann mit direkter Kommunikation (Kundin – Verkäuferin), dem Vollzug einer Handlung, der damit einhergehenden Veränderung einer Oberfläche (Taft), die Zerstörung impliziert, und dem Geräusch, das diese Aktion erzeugt.

In der dargestellten Welt des Textes ist die Welt des Kinos eine Welt der seriellen, mit vermeintlich vertrauten Personen (den genannten Stars) bevölkerten, linear erzählten Geschichten, die als verheißungsvoll und an-

genehm erlebt wird, währenddessen die geschilderte ›Realität‹ für den Ich-Erzähler durchaus unangenehme Implikationen hat. Zu beachten ist dabei, dass die Welt der Realität nicht diejenige ist, die als Ausgangspunkt gesetzt und von der aus das Kino als Gegenwelt entworfen wird. Denn der Ich-Erzähler »besucht« nicht das Kino, sondern seine Mutter im Geschäft. Diese Umcodierung etabliert das Kino (verstanden als Funktionseinheit aus Saal, Vorhang, Eisverkäuferin, Vorfilmen und wechselnden Hauptfilmen) als Lebensraum, der nicht als punktuell eskapistische Gegenwelt zum Alltag fungiert, sondern als permanenter Parallelraum gebaut ist, dessen fiktionaler Charakter nur ex negativo thematisiert wird, als dort anscheinend nichts ungefiltert auf die ungeschützte Person des Ich-Erzählers eindringt. Seine »farbigen« Sensationen bleiben Nullposition im Text, sind im kollektiven kulturellen Archiv gespeichert, ließen sich wieder abspielen. Die Welt außerhalb des Kinos affiziert direkt: Im Stoffgeschäft erträgt er das Zerreißen des Stoffs nicht. Das impliziert eine gesteigerte Sensibilität des Ich-Erzählers, denn davon, dass sich die Kundinnen die Ohren zuhalten müssten, während die Verkäuferin den Stoff durchtrennt, lesen wir nicht. Für den Ich-Erzähler ist die soziale Realität in der dargestellten Welt mit Defizitgefühlen belastet. An das Reißen des Stoffes, das nicht zu ertragen ist, lagern sich weitere Implikationen an, die den sozialen Status des Ich-Erzählers konturieren. Die dargestellte Zeit lässt sich anhand der genannten Filmstars auf die 1950er und frühen 1960er Jahre datieren, die als Verkäuferin arbeitende Mutter verweist darauf, dass die Familie nicht dem damaligen Ideal der Ein-Verdiener-Familie entspricht, sondern entweder nicht genug Geld da ist, damit die Mutter zu Hause bleiben kann, oder der Vater grundsätzlich absent ist und die Mutter auch die Rolle des ›Ernährers‹ übernehmen muss, um überleben zu können. Weiter führt der Text vor, dass das, was die Mutter in ihrer Arbeitswelt notwendigerweise zu tun hat, Aspekte hat, die als prinzipiell unangenehm empfunden werden.

Zugleich aber markiert dieser als unangenehm empfundene, ungeschützte Moment genau den Augenblick, in dem der Erzähler charakterisiert wird und zur Ich-Form greift, stark individualisiert und darüber hinaus selbst zum Geschichtenerzähler wird; es ist der Moment, in dem er selbst als ›Stoffproduzent‹ und Hauptdarsteller in Erscheinung tritt. Die Authentifizierung im Text ist mit dem performativen Moment in der dargestellten Situation eng verknüpft.

Ich habe diese Textstelle deswegen so ausführlich behandelt, weil sich hier erstens zeigen lässt, welchen poetologischen Prinzipien und thematischen Spuren Hoghe in verschiedenen Textsorten folgt – Kino und eigene Kindheit in konsequent verschränkten, seriell geschalteten Einzelbildern; zweitens auf welche Weise er kulturelle und individuelle Erinnerung miteinander verbindet – in chrono-räumlicher Aufeinanderblendung, wobei er selbst als Umschaltfigur inszeniert ist; und drittens, wie sich der »Riss« im Stoff im Text zum »Buckel« des Körpers auf der Bühne verhält: homolog.

Emphase der Präsenz

Wie kunstvoll Hoghe dabei verfährt und welche entscheidenden Anschlüsse der Textanteil – gerade über kulturelle Texte und deren Intertextualität – dabei leistet, möchte ich im Folgenden anhand von Szenen aus *Meinwärts* zeigen.

Bald nach Beginn des Stücks kündigt per O-Ton-Einspielung aus dem Off ein amerikanischer Moderator »Mr. Joseph Schmidt« an, während Hoghe sich im Dunkel auszieht und sich nackt mit dem Rücken zum Publikum unter ein Trapez stellt. Als Schmidt zu Donizettis Arie »Una furtiva lagrima« anhebt, springt Hoghe an das Trapez, hängt dort, pendelt leicht, bis er sich wieder löst, kurz ruhig auf dem Boden steht, um dann wieder mit einem Satz das Trapez zu greifen. Der Vorgang wiederholt sich einige Male, bis die akustische Spur mit Beifall zu Ende geht. Daraufhin zieht Hoghe sich wieder an, und ein Sprecher aus dem Off (Hoghe) informiert über die Biographie des jüdischen Tenors. Anschließend bringt Hoghe zügigen Schritts zur Einspielung des fröhlich-triumphalen Marsches *Ein Lied geht um die Welt* ein Standmikrophon auf die Bühne, stellt es ab und legt sich unweit davon ins Dunkle auf den Rücken. Die konservierte Lebendigkeit der Musik bricht sich an der Unbeweglichkeit des liegenden Körpers und markiert eine Leerstelle, die einen Verlust deutlich macht.[10] Das Lied kommt aus dem Off, der Platz des Sängers am Mikrophon bleibt unbesetzt. Diese Leerstelle umspielt Hoghe mit seinen Aktionen. Während das von Schmidt gesungene Lied erklingt, wechselt er einige Male seinen Platz im Raum, kreist das Mikrophon förmlich ein und führt an jeder neuen Stelle dieselbe Aktion aus: Er legt sich hin, legt seine Hand auf eine mitgebrachte schwarze Lackschale, der er rot bemalte Steine entnimmt, die er an die Füße und hinter sich, dicht an seinen Scheitel, auf den Boden legt und dort liegenlässt, wenn er wieder aufsteht und zu einer neuen Stelle geht.

Das Mikrophon, hinter dem niemand steht, verbindet Aufnahme und Abspielen, wird zu einer Art Transmitter und übernimmt gleichsam die Funktion eines Radios. In Zeitsprung und Zeitverdichtung zwingt Hoghe zwei Ebenen zusammen: die potentielle des Live-Gesangs, die sich nicht realisieren wird, und die Einspielung aus dem Off, die Übertragung einer konservierten Stimme, die einst dem »Ohr« Mikrophon eingesungen wurde. Das technische Medium konserviert die Vitalität der Stimme und überwindet die Distanz von mehr als 60 Jahren, es substituiert den toten Joseph Schmidt, indem es den Platz markiert, an dem der Sänger seinen Ort hätte. Die Einspielung von Schmidts Stimme aus dem Off wird durch das ausgeleuchtete Mikrophon auf emphatische Weise betont.

Die Entkoppelung von Stimme und Körper[11] wird als mediale Inszenierungsstrategie bereits im frühen Tonfilm als technisches Dispositiv präfiguriert[12]: Exemplarisch sei hier der Musikfilm *Ein Stern fällt vom Himmel* (1934) genannt, in dem Joseph Schmidt eine Hauptrolle spielt. Er spielt die Figur Josef Reiner, der dem sich in einer Krise befindenden Starsänger Stuart Lincoln (gespielt von Egon von Jordan) seine wundervolle Stimme leiht, die er wegen seiner Schüchternheit bislang nicht selbst einem größeren Publikum präsentieren konnte. Dieser »defizitäre[n] Körperkontrolle«[13] entspricht die mangelnde Attraktivität Reiners, der dem eleganten Lincoln nicht gewachsen ist. Aus der Erwartungshaltung des Publikums, nach der eine große, wohllautende Stimme auch einem großen, wohlgestalteten Körper entströmen müsse, bezieht der Film mit der inszenierten Entkoppelung von Stimme und Körper entscheidende Anregungen.[14] Reiner »entzieht […] dem diegetischen Publikum seinen Körper. Was diesem diegetischen Publikum (wie auch dem realhistorischen) bleibt, ist seine technisch reproduzierte Stimme, die ein Versprechen auf einen ›anderen‹ männlichen Körper gibt.«[15] Der »entzogene« Körper Reiners entspricht realhistorisch dem Körper Joseph Schmidts, dem – deutlich zu klein für die normativen Anforderungen der Bühne – die Karriere auf der Bühne entzogen wurde. Schmidt feierte seine Erfolge im Konzert, mittels der Schallplatte und in der Montagekunst des Films.

Auf der Ebene der körperlichen Abweichung von der genormten Attraktivität parallelisiert sich Raimund Hoghe mit dem aufgerufenen Joseph Schmidt. Das Versprechen des Films auf einen Körper, der mit der Stimme eine Einheit ergibt, durchkreuzt Hoghe. Subversiv unterläuft er die Strategie des Tonfilms performativ durch seine körperliche Präsenz. Hoghes Körper beharrt auf der Präsenz, er behauptet sich auf der Theaterbühne und zwingt so die vom Körper abgekoppelte Stimme mit seinem eigenen Körper auf emphatische Weise wieder zusammen. Die Obszönität besteht im Einbruch des abweichenden Körpers in das konfektionierte Setting einer Tanzaufführung, aus dem es sich nicht länger ausschließen lässt. Wir hören Schmidt und wir sehen Hoghe. Hoghe füllt die Leerstelle, die das Mikrophon scheinbar vorführt, partiell mit seinem Körper, er lässt das Publikum mit der Fiktionalisierung oder Utopisierung des ›anderen‹ Körpers nicht wie im Film zur Ruhe kommen. Das gilt als durchgängige Werkkonstante in Hoghes Arbeiten.

Die Entkoppelung von Stimme und Körper präsentiert sich auch in der Auratisierung vergangener Stim-

10 vgl. Katja Schneider: »*Den Körper in den Kampf werfen*« – *Raimund Hoghes Poetik der Erinnerung*, in: Frieder Reininghaus / Katja Schneider (Hrsg.): *Experimentelles Musik- und Tanztheater*, (= Handbuch der Musik im 20. Jahrhundert, Bd. 7), Laaber (Laaber Verlag) 2004 S. 329–331; Gerald Siegmund: *Konzept ohne Tanz? Nachdenken über Choreographie und Körper*, in: Reto Clavedetscher / Claudia Rosiny (Hrsg.): *Zeitgenössischer Tanz. Körper – Konzepte – Kulturen. Eine Bestandsaufnahme*, Bielefeld (transcript) 2007, S. 44–59, hier S. 58f.

11 Zu Verfremdungseffekten durch die Entkoppelung von Stimme und Körper per Mikrophon vgl. Vito Pinto: *Stimmen auf der Spur. Zur technischen Realisierung der Stimme im Theater, Hörspiel und Film*, Bielefeld (transkript Verlag) 2012, S. 44f.). Pinto fokussiert hier vor allem auf das von dieser Trennung bedingte Phänomen, »welches die Körper-Realitäten und somit die mögliche Wahrnehmung eines einheitlichen Körperbildes verzerrt« (S. 45). Auf diese Verzerrung kommt es mir in meinem Zusammenhang nicht an.

12 Ursula von Keitz: »*Fülle des Wohllauts*«. *Zur Medialität des männlichen Gesangskörpers im Musikfilm der 1930er Jahre*, in: Till A. Heilmann / Anne von der Heiden / Anna Tuschling (Hrsg.): *medias in res. Medienkulturwissenschaftliche Positionen*, Bielefeld (transcript) 2011, S. 113–126, hier S. 125.

13 von Keitz (2011), S. 124.

14 von Keitz (2011), S. 125.

15 von Keitz (2011), S. 126.

men – das Mikrophon als Signum einer Epoche, in der die Reproduktion von Musik und menschlicher Stimme möglich wurde – und perpetuiert sich zugleich im ostentativen Zuhören des Performers wie des Publikums von Aufzeichnungen. Dabei stellt das Mikrophon immer eine Spaltung dar, ist es doch einerseits Repräsentationsmedium intimster Nähe, andererseits Zeichen der Absenz.

Während Schmidt singt, verwandelt Hoghe seinen tanzenden Körper temporär in einen unbeweglichen, wie tot daliegenden. Die Optik wird sistiert, um die Akustik zu steigern. Auf der Ebene der Körperordnung verweist Hoghes Liegen auf den Topos des Sterbens, wie er auf dem europäischen Theater kodifiziert und im zeitgenössischen Tanz reflektiert wird – zum Beispiel in Jérôme Bels elf Jahre später entstandenem Stück *Pichet Klunchun and Myself*, in dem Bel das Sterben als Zu-Boden-Sinken und/oder Auf-dem-Boden-Liegen demonstriert, oder in seiner Produktion *The Show Must Go On* (2002), in der zu dem Song *Killing Me Softly* Akteure zu Boden gleiten und dort liegen bleiben. Zu korrelieren sind in Hoghes *Meinwärts* die Aktionen des Steinablegens über dem Kopf als Zeichen der Trauer und des Gedenkens im jüdischen Ritus einerseits, andererseits substituiert Hoghe in diesen Momenten selbst den toten Schmidt. Ist dessen Lied verklungen, erhebt sich Hoghe und räumt das Mikrophon in die Kulissen – damit ist auch er wie Jérôme Bel mittels der inszenierten technischen Konfiguration ein Verfüger über Präsenz und Repräsentation.

Hat Schmidt sein Lied, das um die Welt geht, beendet, bleibt Hoghe auf dem Rücken liegen und liest live seinen ersten Text vor:

»Er sei zu klein für sein Alter, sagen die Leute. Zu zart. Zu schwach. Und da ist etwas, was man noch kaum sieht: eine leichte Krümmung des Rückgrats, eine kaum sichtbare Kurve, die ihnen Angst macht. Sie wird stärker und stärker und wächst, ohne daß sie sie aufhalten könnten. Da könne man wenig tun, sagen die Ärzte, verschreiben Massagen und Gymnastik und einmal im Jahr eine Kur an der See. Das sei gut für die Bronchien des Jungen und lasse ihn freier atmen. Als er noch kleiner war, hatte die Mutter ihm einmal einen Matrosenanzug genäht. Im Kino sahen sie die Schlagerfilme, die in den fernen Süden führten, zur Sonne und ans Meer. Das Programm wechselte dienstags und freitags. Das Meer war immer so blau wie der Himmel.«[16]

Die Verschränkung von auditiver Spur, Sprache und Korporealität erfolgt sukzessive: Hoghe konfrontiert das Publikum zunächst mit der Stimme Schmidts und parallelisiert sie mit seinem nackten Körper am Trapez. Das Trapez als Virtuositätsinstrument des Turners und Zirkusartisten stellt hier nicht in erster Linie körperliche Vermögen aus, sondern eine spezifische körperliche Verfasstheit. Statt dass der Blick des Zuschauers dem Körper des virtuosen Athleten folgen würde, bleibt er

---

16 Dieser Text ist publiziert in Hoghes Buch über seine Mutter, *Preis der Liebe* (1984). Der erste Teil der zitierten Passage findet sich auf S. 18, der zweite (ab »Im Kino sahen sie Schlagerfilme«) mit geringfügigen Abweichungen, etwa in der Anschlussformulierung, auf S. 27, wobei dieser gemeinsame Kinobesuch sich im Buch nicht auf Mutter und Sohn bezieht (wie der erste Teil des Zitats), sondern auf einen Nachbarn, der nach dem Tod seiner Frau mit dem Enkel »noch häufiger als zuvor in die beiden Kinos« geht.

17 Demgegenüber betont Siegmund (2007) in dieser Sequenz am Trapez die Implikation von eskapistischem Fluchtversuch und gleichzeitiger Ausstellung eines geschundenen (Tier-)Körpers: »Ein kleiner Sprung in die Höhe an die Stange signalisiert für einen Moment den Versuch, den Verhältnissen im wahrsten Sinne des Wortes leichten Fußes zu entschweben. Doch Hoghes nackter Körper bleibt regungslos am Trapez hängen wie ein geschlachtetes Stück Vieh am Fleischerhaken.« (S. 58).

an Hoghes Körper wörtlich hängen. Die Kombination von Maximalansicht und Minimalbewegung (sanftes Pendeln) stockt den Blick förmlich, konzentriert ihn auf den hängenden Körper, der zur Projektionsfläche wird. Im Rekurs auf die Tradition der Rückenfigur, die in der bildenden Kunst den nicht in Pose gegossenen Körper präsentiert, sondern die Vorstellung öffnet hin auf das, was dieser Körper zu sehen scheint (zum Beispiel eine Landschaft), oder – in der Photographie des 20. Jahrhunderts – auf die Materialität des Körpers, präsentiert Hoghe als Performer sich in voller Ausstellung seiner Abweichung vom Normkörper und korreliert sie mit der perfekt klingenden Stimme der Aufzeichnung. Damit gelingt ihm eine subversive Doppelstrategie, die zum einen inszenatorische Verfahren der Eingangsszene wiederaufnimmt und zum anderen auf die nächste Szene modellierend vorausweist:

In der geschilderten Szene am Trapez ist Hoghe das erste Mal in physischer Aktion zu sehen. Er tanzt – in der erweiterten Definition von Tanz seit Postmodern Dance und Tanztheater; er tritt als Tänzer auf einer Bühne auf, die von der Musik des Balletts *L'Après-midi d'un faune*, die am Anfang von *Meinwärts* erklingt, als Bühne für den Tanz definiert wurde. In der Repetition von Sprung an das Trapez, den Augenblicken, in denen er daran hängt, dem Abspringen auf den Boden und anschließendem Stehen weist sich diese Bewegung als geformte aus.[17] Der tanzende Körper wird dem singenden Körperlosen parallelisiert, im nächsten Schritt, in der Szene mit dem Mikrophon, substituiert zunächst das Mikrophon den toten Schmidt, dann tut dies Hoghes Körper. Hoghe zwingt die vom Körper abgekoppelte Stimme mit seinem eigenen Körper zusammen, indem er den leer bleibenden Platz um das Mikrophon mit seinen Aktionen umspielt. Die Konfrontation der alle Normerwartungen erfüllenden Stimme mit dem normabweichenden Körper bedeutet den späten Triumph Schmidts, dessen Stimme hier einen Körper erhält, der sich dem Ausschluss widersetzt. Der in den Ohren schmerzende

»Riss«, der dem aus dem Kino kommenden, die Alltagswelt »besuchenden« Ich-Erzähler so unangenehm ist, manifestiert sich hier als der Kontrast zwischen dem ›perfekten‹ Gesang und dem ›unperfekten‹ Körper, kann als »Riss« verstanden werden, der die Erwartungen des Publikums an eine geglättete Oberfläche unterläuft.

Sowohl die Figur Schmidt als auch die Figur Hoghe werden in *Meinwärts* nonverbal eingeführt, um anschließend durch den gesprochenen Text kommentiert zu werden. Erläutert der Off-Text über Schmidt dessen künstlerisches Vermögen und seine bedrohlich wirkenden Einschränkungen sowohl im System der Kunst (zu klein) als auch in dem der Politik und des Gesellschaftskörpers (von den Nationalsozialisten verfolgt als Jude), so bringt Hoghes Eigenzitat die Gründe für seine körperliche Erscheinung (zunehmende Verformung der Wirbelsäule) und wie bedrohlich diese erlebt wird, sowie den Entwurf einer utopischen Gegenwelt (das Kino). Über den Text wird der präsente Körper mit dem absenten verbunden, der präsente des Performers mit dem des Kindes, das er gewesen ist, die Kunst Hoghes mit der Kunst Schmidts.

Ausgrenzung, Verfolgung und Tod

Diese Parallelisierung wird fortgeführt, indem sich Hoghe eine Gipsschale um den Oberkörper schnallt, der dem ähnelt, den er als Kind zu therapeutischen Zwecken tragen musste, und ein kleines Theater mit einem Stück roten Samt und einem Teelicht davor aufstellt. Der in dieser Szene eingespielte Text aus dem Off schildert, wie der jüdische Sänger Joseph Schmidt von Österreich nach Belgien gehetzt wurde, wo er zum ersten Mal in seinem Leben in einer Opernproduktion auf der Bühne stand, 1939 in *La Bohème*. Als die Deutschen Belgien besetzten, floh er nach Frankreich, erst nach Lyon, später nach Südfrankreich, um von dort nach Übersee zu gelangen. Doch das vorgesehene Schiff lief in Marseille nicht aus. Die Schweiz verweigerte ihm die Einreise. Er betrat das Land illegal und wurde in ein Internierungslager in der Nähe von Zürich gebracht, wo er im Alter von 38 Jahren am 16. November 1942 starb. Die letzten Sätze dieser Textpassage lauten: »Auf seinem Grabstein steht: ›Ein Stern fällt.‹« *Ein Stern fällt vom Himmel* lautete der Titel eines Films, den Joseph Schmidt in London 1936 drehte.

Kunst (Theater) und der abweichende Körper werden hier auf der Ebene der performativen Darstellung kurzgeschlossen, Kunst (Oper und Film) und Verfolgung beziehungsweise Tod auf der textuell präsentierten Ebene. Das Schicksal Schmidts wird im nächsten Schritt der Lesung auf nicht-prominente, aber im exzessiven Bürokratismus des Regimes namentlich auf-

geführte Verfolgte des nationalsozialistischen Regimes ausgeweitet[18], dann auf die anonym gebliebenen Opfer. In direktem Anschluss daran schildert der Text rechtsradikale, antisemitische und fremdenfeindliche Übergriffe in den 1990er Jahren.

Diese vierte Textpassage in *Meinwärts* (die zweite, die Hoghe live spricht) endet mit der Lesung des Gedichts *Weltflucht* von Else Lasker-Schüler, dessen letzte Zeile dem Stück den Namen gab.[19] Das Gedicht thematisiert die Weltflucht und Abgrenzung des sprechenden Ich gegenüber der Gesellschaft entsprechend dem antizivilisatorischen Impuls in den Künsten, auch des neuen Ausdruckstanzes, um die Jahrhundertwende (*Weltflucht* wurde 1902 erstmals publiziert). Die Selbstfindung als Rettung vor der »erstickenden« Gesellschaft ist dabei noch Projekt, beschworenes Ziel. »Meinwärts« fungiert als Programm einer Selbstinitiation.

Hoghe funktionalisiert Else Lasker-Schülers Gedicht als Gelenkstelle zwischen der nationalsozialistischen beziehungsweise rechtsradikalen Verfolgung einerseits und der Ausgrenzung von der Norm abweichenden Verhaltens (in diesem Fall sexuellen) andererseits. Die Zeichen, unter denen beide stehen, sind, wie zu zeigen sein wird, die Sehnsucht nach körperlicher Nähe und der Tod. Vermittelt werden sie textuell.

Die biographischen Informationen, die im weiteren Verlauf von *Meinwärts* gegeben werden, beziehen sich vor allem auf junge Männer, deren Wunsch nach einer Umarmung und deren frühen Tod infolge von Aids. Es sind Männer, die der Sprecher des Textes als persönliche

---

18 Hoghe zitiert aus einem Dokument vom 13. Februar 1943, in dem Alfred Israel Bieber und seine Frau Ruth Sara Bieber aus Berlin »migrated to the protected territories with Eastern Transport 23 under shipment numbers 24,562 and 24,56 on October 29, 1942.« Es folgt die Liste der Habseligkeiten, die in Deutschland verblieben.

19 Der Text lautet: »Die jüdische Dichterin Else Lasker-Schüler, die von den Nazis ins Exil getrieben wurde, schrieb in einem ihrer frühen Gedichte: ›Ich will in das Grenzenlose / Zu mir zurück, / Schon blüht die Herbstzeitlose / Meiner Seele, / Vielleicht – ist's schon zu spät zurück! / O, ich sterbe unter Euch! / Da Ihr mich erstickt mit Euch. / Fäden möchte ich um mich ziehn – / Wirrwarr endend! / Beirrend, / Euch verwirrend, / Um zu entfliehn / Meinwärts!‹«

Bekannte und Freunde bezeichnet, alle zwischen Ende 20 und Mitte 30 – und damit in dem Alter von Joseph Schmidt, als er starb, worauf der letzte Satz der letzten Textpassage in *Meinwärts* explizit hinweist. Eine weitere Parallelisierung erfolgt über die gesellschaftliche Diskriminierung Homosexueller, vermeintlich und tatsächlich Aidskranker: »Was mit Aids-Kranken zu tun wäre, das wisse er, sagt ein Düsseldorfer Kioskbesitzer und erklärt: ›Ab in den Sack.‹ Ein Lächeln geht über sein Gesicht. ›Am besten, Knüppel und drauf. Weg ist weg. Die können keinen mehr anstecken.‹«

Wie schon in der ersten Hälfte des Stücks schließt sich auch hier der Performer an die über den Text heraufbeschworenen Figuren und ihre Thematik an. Vollzog sich dieser Prozess in der Parallelisierung zu Joseph Schmidt über das physisch (Körper am Trapez, körperloser Gesang) vermittelte System Kunst, so geschieht die Parallelisierung nun über den in den Texten vermittelten Wunsch nach Austausch und Nähe, der seine Entsprechung hat im performativ inszenierten Versuch, die vierte Wand zum Zuschauerraum zu durchbrechen, freilich mit ambiguen Ergebnis: In der Szene zu einer Einspielung Schmidts, mit einer Arie aus dem *Zigeunerbaron*, stellt sich Hoghe dicht vor die erste Zuschauerreihe, in den Händen eine Tulpe. Er steht und lässt die Augen über das Publikum wandern. Schließlich wirft er die Tulpe impulsiv in Richtung der Sitzenden, dreht sich um, räumt Objekte zusammen und holt den Notenständer zum Vortrag herbei. Der Text, den er im Folgenden vorliest, rekurriert auf den ersten live gelesenen Text in

Meinwärts, in dem er über die Skoliose spricht. Die Erzählinstitution dieses ersten Textes etabliert einen jungen »Er« und eine »Sie«, über die Textlogik lässt sich präsupponieren, dass »Er« der Sohn und »Sie« dessen Mutter ist, die Mutter sich also in der ersten Textpassage Sorgen um die Rückgratverkrümmung ihres Sohnes macht. Diese familiale Relation taucht nur noch ein weiteres Mal in den Textpassagen von *Meinwärts* auf, und zwar am Ende der Textpassage, die auf den Tulpenwurf folgt. Sie lautet: »Als der Sohn das an der Wand hängende Kalenderphoto von Rock Hudson küsste, kam die Mutter ins Zimmer und war außer sich. Der Kuss habe nichts zu bedeuten, versuchte er zu erklären. Was er geküsst habe, sei ja nur Papier gewesen. Auf der Rückseite des Photos stand, dass Rock Hudson zu erreichen wäre über ›Universal International Films, Universal City, California/USA‹.« In diesem Text identifiziert sich der Performer Hoghe mit homosexuellem Begehren und führt gleichzeitig die Unmöglichkeit vor, dieses Begehren (jedenfalls Rock Hudson gegenüber) erfüllt zu bekommen.

Wieder hat sich der Performer ins Spiel gebracht – parallelisierend zu den textuell und akustisch aufgerufenen Figuren –, ohne allerdings den Fokus des Stücks nun ganz auf die Gegenwart und die Diskriminierung Homosexueller zu lenken und den mit Schmidt eingeführten Kontext des von den Nationalsozialisten verfolgten Künstlers von da an außer acht zu lassen. Das passiert schon allein deswegen nicht, weil die Soundspur weiterhin ausschließlich aus Einspielungen Schmidts besteht. Hoghe verschiebt den Fokus nun auf die Nachwirkungen dieser Verfolgung, indem er aus dem Off eine Einspielung bringt, in der Paul Celan sein Gedicht *Todesfuge* liest. Der Kontext nationalsozialistischer Verfolgung wird damit einerseits weitergeschrieben (er setzt die Ausgrenzung von Künstlern wie Schmidt und Lasker-Schüler fort), andererseits wesentlich erweitert. Diese erweiternde Verknüpfung leistet entscheidend die mediale Präsentationsform des Gedichts, nämlich die Einspielung einer Radioaufnahme. Celan las sein 1944/45 geschriebenes, 1948 erstmals in deutscher Sprache gedrucktes Gedicht 1952 beim NWDR ein (diese Aufnahme gilt als verschollen); die heute verfügbare Lesung stammt von einer Aufnahme 1958 in Stuttgart[20].

Anders als in der Präsentation des Gedichts von Else Lasker-Schüler, die in *Meinwärts* qua biographischem Vorspruch mit der Ausgrenzung im Nationalsozialismus korreliert ist, nimmt Hoghe in der Präsentationsform des Celan-Gedichts eine entscheidende Verschiebung vor: Der explizit die Verfolgung und Ermordung der Juden thematisierende Text wird begleitet von Hoghes Aktionen, der mit dem Rücken zum Publikum steht und sich mit einer Höhensonne als mobilem Scheinwerfer so beleuchtet, dass sein schwarzer Schatten an der Rückwand ins übermenschlich Große wächst.

Die entscheidende Erweiterung des Kontexts auf die Nachkriegszeit ergibt sich aus der medialen Präsentationsform − der O-Ton-Einspielung Celans, die durch ihren »singenden«, pathetischen Rezitationsduktus in starkem Kontrast zu den Live-Lesungen Hoghes steht. Genau über diese Rezitationsweise aber wird eine Verbindung hergestellt zur Nachkriegszeit, speziell zu Celans Lesung bei der Tagung der »Gruppe 47« in Niendorf im April 1952. Das heißt, die Einspielung Celans ist doppelt funktionalisiert, indem sie zum einen auf die Zeit des Nationalsozialismus zurückverweist (*Todesfuge* gilt als das Gedicht der deutschen Nachkriegszeit, das am stärksten einem Prozess der Kanonisierung unterworfen wurde, »der es als ganzes oder einzelne seiner Bildformeln zum gültigen, poetischen und zugleich auch […] authentischen Ausdruck des Holocaust erhebt.«[21]), zum andern die Nachkriegszeit aufruft und beide Zeiten miteinander verbindet.

In beiden Systemen ist Celan als Außenseiter stigmatisiert − als Jude im nationalsozialistischen Regime verfolgt, innerhalb der »Gruppe 47« verlacht − (durchaus mit antisemitischem Unterton) − Briegleb spricht von einem »Antisemitismus-Komplex«[22] innerhalb der »Gruppe 47«.

In diesem Zusammenhang ist von besonderem Interesse, dass Celan von Angehörigen der »Gruppe 47« aufgrund einer Abweichung von der (gruppenintern geltenden) Norm der »Stimmlosigkeit«[23] ausgegrenzt wird, die sich auf den Duktus des Vortrags bezieht. Standen die Herren der »Gruppe 47« für einen sachlichen Tonfall, der bis ins landserhaft Knappe herabgestimmt werden konnte, trug Celan in tönendem, hochgestimmtem, expressionistisch gefärbtem Duktus vor.

»Aus dem wohl pochenden christlichen Gewissen heraus, das der Gruppen-Strategie gegenüber Juden (Sicherung des Differenz-Tabus durch Schweigen) nicht immer gewachsen sein mag, erzählt [Walter] Jens, daß Celan, als er beim Treffen in Niendorf 1952 ein erstes Mal in Deutschland las und mit seiner bald über Rundfunk und Lesereisen bekannt gewordenen singenden Stimme (›Der liest ja wie Goebbels‹) unter anderen Gedichten die ›Todesfuge‹ vorgetragen hatte, ausgelacht worden ist − so daß dann später«, so Jens, ein Mitglied der ersten Stunde (es war Walter Hilsbecher) die Texte ›nocheinmal vorlesen mußte.‹«[24]

Hier treffen zwei oppositionelle performative Entwürfe aufeinander: Die Idee, den Vortrag »›stimmlos‹ strikt auf die Ebene eines in ›knappen Aussagesätzen‹ formulierbaren Textsinns zu begrenzen, und »einer anderen, für die in das Stimmereignis konstitutiv Ausdrucks- und Appellvalenzen eingeschrieben sind«.[25]

Die als so störend empfundene abweichende Stimme ist ein leibliches Phänomen, eine spezifische Form performativer Präsenz. Fokussiert man darauf als Merkmal der Ausgrenzung, dann teilt Celan vergleichbare Merkmale mit Schmidt und Hoghe: Schmidt war zu klein für die Opernbühne, der Performer Hoghe ist auf Grund seines kyphotischen Rückens von der traditionellen Tanzbühne ausgeschlossen, Paul Celan wurde wegen seiner Intonation diskriminiert.

Meinwärts stellt die Verbindung zwischen allen dreien her. »Wenn du jung bist, gehört dir die Welt«, singt Joseph Schmidt. An die Wand projiziert ist eine Schwarz-Weiß-Photographie, auf der ein strahlender Mann (Schmidt) den Arm um einen anderen Mann gelegt hat. Vor diese Photographie stellt sich Hoghe so auf, dass er aus der Perspektive der Zuschauer den Platz des Mannes einnimmt, dem die Hand auf die Schulter gelegt wird.

20 Vgl. Cornelia Epping-Jäger: *Stimmbrüche. Celan liest in Niendorf,* in: Horst Wenzel / Ludwig Jäger (Hrsg.): *Deixis und Evidenz.* In Zusammenarbeit mit Robert Curtis und Christina Lechtermann, Freiburg i. Br., Berlin, Wien (Rombach) 2008, S. 195–215, (= Rombach Wissenschaften, Reihe Scenae, Bd. 8), S. 205, Anm. 43.

21 Claus-Michael Ort: *Erinnern des ›Unsagbaren‹. Zur poetischen Topik des Holocausts von Celan zu Eisenman.* In: Hans Krah (Hrsg.): *All-Gemeinwissen. Kulturelle Kommunikation in populären Medien.* Kiel (Ludwig) 2001, S. 31–63, hier S. 40.

22 Klaus Briegleb: *Mißachtung und Tabu. Eine Streitschrift zur Frage:* »*Wie antisemitisch war die Gruppe 47?*«, Berlin, Wien (Philo Verlag) 2003, S. 82.

23 Epping-Jäger (2008), S. 205.

24 Briegleb (2003), S. 79.

25 Epping-Jäger (2008), S. 205. Epping-Jäger weist im weiteren darauf hin, dass die Stimmlosigkeit mit Neutralisierung und Nicht-Involviertheit korreliert ist (ebd.). Celans pathetischer Vortrag bedeutete eine »Störung«, eine »Irritation, die Celan dadurch heraufbeschwor, dass er in diesem mit dem Pathos der Nüchternheit ›armierten‹ Raum des kontrollierten Neuanfangs eine Stimme zu Gehör brachte, die nicht nur die fragile Erinnerungsvermeidung mit dem thematischen Aufruf der Shoah durchbrach, sondern in der auch zum Ausdruck kam, dass hier ein an die Nicht-Tabuisierung der Erinnerung appellierendes ›Ich‹ sich artikulierte.« (S. 209) Hier wiederum gibt es eine Parallele zu Hoghes Werk.

Das Photo zeigt Hoghe in seinem ersten Solo *Meinwärts* (1994). Es diente als Umschlagmotiv für die französische Publikation *Raimund Hoghe. L'ange inachevé. Fiction* von Marie-Florence Ehret, das 2001 von Éditions Comp'Act und dem Centre international de Bagnolet pour les œuvres chorégraphiques Seine-Saint-Denis herausgegeben wurde.

Corps diplomatique

THOMAS HAHN

Corps diplomatique

Zur Rezeption in Frankreich. Ein Erklärungsversuch

In Frankreich fühlt er sich verstanden und geliebt. In Deutschland nur von wenigen. Von einigen fühlt er sich dort sogar gehasst. Dagegen schlägt in Paris und Montpellier, aber auch im Rest des Landes, das ihn seit den 1990er Jahren als choreographische Sensation feiert, jedem neuen Stück von Raimund Hoghe so viel Neugier und Erwartung entgegen wie sonst nur bei Angelin Preljocaj, Josef Nadj, Jérôme Bel, Sankai Juku oder Anne Teresa de Keersmaeker. Das war nicht immer so. Das *Dictionnnaire de la Danse* von Larousse führte ihn in seiner Erstauflage 1999 noch als »homme de théâtre allemand«, vor allem in Verbindung mit Pina Bausch, und bescheinigte ihm »une esthétique particulièrement ritualisée«. Was nichts anderes bedeutet, als dass er den Franzosen anfänglich so manches Rätsel aufgab. Doch mit *Meinwärts* und *Chambre séparée* avancierte er vom Geheimtipp für Kuratoren mit Spürnase zu einem stark beachteten Mythos, faszinierend fremdartig und doch so nah. Hoghes Variante deutscher Romantik fiel in dem gesellschaftlichen, kulturpolitischen und künstlerischen Kontext an der Seine auf fruchtbaren Boden.

Hoghes enge Beziehung zu Paris entwickelte sich über lange Zeit und in mehreren Stufen. Schon als Schüler nutzte er billige Busfahrten, um der französischen Kultur näherzukommen. »Ich habe immer gern französische Chansons gehört und mir die entsprechenden Platten gekauft – Aznavour, Piaf, Bécaud, Juliette Gréco,

Mireille Mathieu, France Gall … Ich wäre auch gerne in Paris in Konzerte gegangen, aber dafür reichte das Geld nicht. So ging ich ins Kino. *La Maman et la putain* von Jean Eustache gehört zu meinen absoluten Lieblingsfilmen«, erinnert er sich.

Die 1980er wurden seine Dekade mit Pina Bausch, eine Zeit, in der Frankreich den Tanz zu einem seiner wichtigsten Imageträger entwickelte. Publikum, Choreographen und Kuratoren hatten einen unstillbaren Durst auf neue Ästhetik, fremdartige Bilder und unerwartete Inspirationen. Merce Cunningham wurde endlich nicht mehr ausgebuht, Sankai Juku, Bob Wilson, Keersmaeker, Trisha Brown und viele andere eroberten die Szene. Von Pina Bausch ganz zu schweigen. Als deren Dramaturg erlebte Hoghe den Unterschied zwischen Deutschland und Frankreich auf sehr emotionale Weise: »Bei der *Macbeth*-Premiere gab es tumultartige Szenen im Parkett. Zu der Zeit wurde sie in Paris und anderswo schon gefeiert, zum Beispiel für *Blaubart* oder *Die sieben Todsünden*. In Wuppertal erhielt sie zur gleichen Zeit anonyme Drohanrufe. Noch 1982 in Amsterdam kam es bei *Walzer* zu lautstarken Protesten und Zwischenrufen, dass endlich getanzt werden solle.« Die zu der Zeit noch überschaubare französische Tanzszene blickte nach New York oder Wuppertal und entwickelte ihre »nouvelle danse«, den zeitgenössischen Tanz also. Damit wurde ein Ball ins Rollen gebracht, der nach und nach zur Lawine anwuchs. Und Frankreich hatte, als François Mitterrands sozialistische Partei 1981 die Wahlen gewann, einen visionären Kulturminister, der die Aufbruchstimmung mit aller Macht unterstützte: Jack Lang. Keinem seiner Nachfolger ist es je gelungen, aus dessen Schatten zu treten. Man beschloss damals, ein landesweites Netzwerk von Tanzzentren aufzubauen, das in immer mehr Regionen den Stellenwert der choreographischen Kunst in den Köpfen festschrieb. Dabei wurde auch darauf geachtet, die ästhetische Vielfalt der Szene zu repräsentieren. So wurde der Begriff Tanz schon frühzeitig offen definiert, und es ist als Erfolg dieser Politik zu verstehen, dass Frankreich heute mehr als 600 freie Tanzkompanien subventioniert. Natürlich geschah das nicht ohne Hintergedanken. Seit dem Kriegsende bestand der Wille, allen Bürgern den Zugang zur Kunst zu ermöglichen, doch es ging auch um die Außendarstellung.

Lange Zeit war das Außenministerium eine wichtige Geldquelle für Frankreichs Kompanien. Es förderte Tourneen massiv, manchmal in direktem Zusammenhang mit diplomatischen Spannungen, die es zu besänftigen galt. Und wenn mal keine Krise zu bewältigen ist, geht es immer noch darum, die Exporte der Nation zu unterstützen, die einen hohen Anteil Luxusgüter enthalten. Kunst zeigt auf diesem Gebiet nur dann Wirkung, wenn blitzsaubere Qualität gezeigt wird und die ästhetischen Ansätze so verschiedenartig wie nur möglich sind. Nur müssen die Kompanien, um ihre Fähigkeiten zu entwickeln, natürlich vor allem im Inland auftreten, und das geht nur, wenn sie sich auf ein

Raimund Hoghe in
36, Avenue Georges Mandel

breites Netzwerk von institutionellen Spielorten stützen können. So entstand eine Angebotspolitik, die schließlich auch auf der Nachfrageseite erfolgreich war.

Das Resultat von drei Jahrzehnten entschlossener Kulturpolitik beschreibt Hoghe so: »Das französische Publikum hat andere Sehgewohnheiten und eine ganz andere Erfahrung, weil die Leute auch in kleinen Städten so viele Stücke sehen können. Auch in einem Ort, der nur aus einer Straße zu bestehen scheint, kommen dann 300 Leute zur Aufführung. In Montpellier kam während des Festivals das Personal meines Stammrestaurants während seiner Arbeitspause zu meinen Nachmittagen, an denen ich Tanzvideos von Franko B oder Kazuo Ohno, aber auch Musik vorstellte. In Köln zum Beispiel gibt es kein einziges Theater, an dem die Menschen regelmäßig die Arbeit zeitgenössischer Choreographen von Rang sehen können. In französischen Städten vergleichbarer Größe gibt es davon gleich mehrere.« Es entwickelte sich auch ein enges berufliches Netzwerk. »In Frankreich gibt es mehr professionelle Manager, mehr Unterstützung für junge Choreographen. Die Strukturen sind ganz anders als in Deutschland. An einem Stadttheater fehlt das Geld für Gastspiele, und es gibt – oft bis heute – keine Durchlässigkeit für die freie Szene.«

Im Juli 2011 folgte der vorläufige Höhepunkt. Hoghe war der erste »artiste associé« des Festivals »Montpellier Danse«. Zehn Jahre lang hatte er dort jeweils seine neuesten Werke präsentiert oder gar kreiert und war zum Liebling des Intendanten Jean-Paul Montanari aufgestiegen. Der gab ihm dann, grob verkürzt, plötzlich folgenden Auftrag: »Überrasche mich!« Und das gelang.

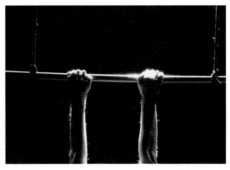

Montanari gehört zu Hoghes wichtigsten Unterstützern, doch die Rolle des Pioniers gebührt anderen. Denn jeder Choreograph, der am Beginn seiner Arbeit steht und sich durchsetzen will, ist darauf angewiesen, dass eine gewisse Anzahl von Kuratoren über einen längeren Zeitraum zu ihm hält. In Frankreich begann alles mit Michelle Kokosowski von der Académie Expérimentale des Théâtres und Jean-Marc Adolphe vom Théâtre de la Bastille in Paris. Jetzt sind es vor allem Marie Collin vom »Festival d'Automne« und natürlich Montanari: »Sie und viele andere waren beziehungsweise sind mit ihrer Unterstützung sehr wichtig für mich. Ich denke dabei auch an Jacques Blanc, den langjährigen Leiter des Theaters Le Quartz in Brest, oder das Théâtre Garonne in Toulouse, die nicht nur Stücke gezeigt, sondern auch koproduziert haben. Der Zuspruch für meine Arbeit von Leuten, die enorm viel gesehen haben, gab mir den Mut, meinen Weg weiterzugehen. Natürlich war Frankreich nicht das einzige Land, aus dem ich Unterstützung erfuhr. Sehr wichtig war auch die Zusammenarbeit mit dem Theater im Pumpenhaus in Münster, dem Hebbel-Theater in Berlin und der Werkstatt-Bühne in Düsseldorf (dem späteren tanzhaus nrw). Nicht zu vergessen sind das ICA (Institute of Contemporary Arts) in London und das »Klapstuk«-Festival in Leuven, bei dem Choreographen wie Meg Stuart, Alain Platel oder Emio Greco den Durchbruch schafften. Für mich begann dort auch die Zusammenarbeit mit Johan Reyniers, der einer der Leiter von »Klapstuk« war und dann ans Kaaitheater nach Brüssel ging, an dem er eine ganze Reihe meiner Arbeiten gezeigt hat. Sehr wichtig war auch, dass ich mehrere Stücke im Centre Chorégraphique National in Belfort erarbeiten konnte. Odile Duboc als Leiterin des CCN gab mir einen phantastischen Raum, um zu arbeiten.«

Die Lust am Neuen, am anderen, am Überraschtwerden hat in Frankreichs Tanzszene bis heute nicht nachgelassen. Hoghe gefällt auch, dass die Choreographen dort untereinander intensiv kommunizieren. Bald entstanden Freundschaften: »Von den französischen Choreographen kamen viele zu meinen Stücken und fanden sie interessant. Wir trafen uns immer wieder. Zum Beispiel Jérôme Bel. Ihm begegnete ich zum ersten Mal 1996 in Rotterdam, als er noch nicht sehr bekannt war, und wir mochten jeweils die Arbeit des anderen. In Deutschland arbeitende Choreographen sehen und kennen die Arbeit ihrer Kollegen im Allgemeinen wenig. Ich habe auch nur selten einen deutschen Choreographen bei einer meiner Vorstellungen gesehen.«

Genauso intensiv ist der Austausch zwischen Choreographen, Kuratoren, Funktionären und Journalisten. So unterschiedlich ihre Interessen auch sein mögen, so sehr mancher Kurator (und nicht zuletzt Montanari) auf hierarchische Unterschiede pocht, es gibt in Frankreich ein gewisses Wirgefühl, ein Bewusstsein, gemeinsam daran zu arbeiten, eine Kunst zu etablieren, die noch immer eine (unverdient) kleine Rolle spielt, wenn man Budgets und Zuschauerzahlen, aber vor allem die Auftrittsmöglichkeiten mit jenen von Theater und Musik vergleicht. Alle wollen (noch) mehr und haben gelernt, das gemeinsam zu vertreten. Das Selbstbewusstsein und die Ambitionen sind gewaltig. Die Präsenz auch.

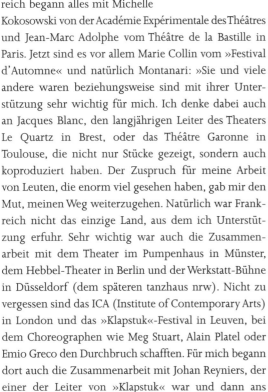

Raimund Hoghe in *Meinwärts*
Rodolpho Leoni in *Verdi Prati*
Raimund Hoghe und Ornella Balestra in
Si je meurs laissez le balcon ouvert

Beim »Festival d'Avignon« ist das Angebot heute so reichhaltig, dass es möglich ist, sich ein komplettes Programm aus Tanzaufführungen zusammenzustellen. Als Hoghe dort 1993 mit seiner ersten Choreographie auftrat, war das noch anders, und die Anfänge schienen unter keinem hellen Stern zu stehen: »1993 kuratierte Michel Reilhac

für das ›Festival d'Avignon‹ eine Reihe unter dem Titel ›Dark/Noir‹, die sich mit der Dunkelheit auseinandersetzte und er lud mich ein, *Verdi Prati* zu zeigen – vom Licht her ein recht dunkles Stück, ein Solo getanzt von Rodolpho Leoni. *Verdi Prati* war gleichzeitig meine erste Zusammenarbeit mit Luca Giacomo Schulte, der seitdem in allen meinen Stücken die Bühne gestaltet. Die Reaktionen auf die Aufführungen waren sehr positiv, aber trotzdem ergaben sich danach längere Zeit keine Gastspiele in Frankreich.«

Doch schon mit *Meinwärts* kam der Umschwung. Was macht nun Frankreich so empfänglich für Hoghes Universum, und warum sind die Reaktionen in Deutschland so reserviert? Wenn ein Werk und selbst ein Mensch erst im Blick der anderen existiert, dann gibt es zwei Hoghes, einen auf jeder Seite der Grenze. Man liest seine Stücke in Paris oder Montpellier einfach anders als in Düsseldorf. Natürlich spielte von Anfang an die Liebe zu Pina Bausch eine Rolle. Das half, aber es hätte allein nicht gereicht. Viel wichtiger war die Freiheit des französischen Blicks. Der ist nicht emotional vorbelastet. Man weiß nicht, was es bedeutete, im Deutschland der 1950er/60er Jahre erwachsen zu

werden. Für deutsche Betrachter verköperte Hoghes Buckel in *Meinwärts* und auch später noch das Unauslöschbare eines schuldhaften Stigmas. Für die Franzosen bleibt er dagegen stets ein Engel, auch wenn er sich als schwarzen Schwan inszeniert. In seinem Buckel erblicken sie gefaltete Schwingen, nicht gefesselte. Dass die deutsche Nachkriegsnation eher lustlos in den Rückspiegel blickte, sie nahmen es interessiert auf. Doch sie verarbeiteten es rational, nicht emotional. Ihre Rezeption ist ausschließlich poetisch, nie politisch oder historisch, zumal der kleine Mann ja so rührend zärtlich sein kann und damit ein äußerst sensibles, zerbrechliches Bild von Deutschland vermittelt. Auch das mag im Unterbewusstsein eine Rolle spielen. Frankreichs Komplex gegenüber dem Nachbarn meldet sich in jeder Krisensituation zurück. In den Jahren nach der Wiedervereinigung mit ihrer Angst vor einem neuen übermächtigen Deutschland spendete Hoghe Trost. Die Euro-Krise könnte nun eine ähnliche Konstellation hervorbringen und Frankreichs Sympathien für dieses andere Deutschlandbild weiter stärken.

Hoghe seinerseits macht kulturelle Unterschiede zwischen Deutschland und Frankreich aus: »Es herrscht ein anderes Verhältnis zur Ästhetik. In Frankreich scheint man kein Problem damit zu haben, über Schönheit zu sprechen. In Deutschland scheint es dagegen oft eine Art Angst vor der Schönheit zu geben. In Frankreich wurde meine Arbeit von Anfang an als Kunst akzeptiert und nicht als Präsentation eines Körpers mit

Buckel missverstanden. Kunst bedeutet für mich, dass man etwas Existenzielles einsetzt. Wenn ich auf der Bühne mein T-Shirt ausziehe und meinen Rücken zeige, dann geht es nicht um Exhibitionismus oder Therapie, sondern um die Form des Körpers – jenseits gängiger Einordnungen. In Frankreich wird das verstanden. Als wir in der Saison 2007/08 im Centre Pompidou in Paris *Boléro Variations* zeigten, hing dort im Foyer und an verschiedenen anderen Stellen des Hauses ein Photo meines Rückens als Plakat – unübersehbar und ganz selbstverständlich.«

Hoghes Hügel destabilisiert den Blick auf den glatten, aber letztlich nichtssagenden »normalen Körper« und stellt dessen Wertekodex infrage. Er trat nun gerade in jener Periode in Erscheinung, als sich in Paris eine Mischung aus Tanz und Performance entwickelte, deren Semiotik den Körper als Parabel einsetzt. Jérôme Bel, Xavier Le Roy, Boris Charmatz und viele andere rückten der Idee der schönen, eleganten Bewegung mit Brüchen und Subversion zu Leibe. Das war anfänglich durchaus als Antithese zu den Werken etwa von Dominique Bagouet oder Bouvier/Obadia gemeint. Die »génération Jérôme Bel« schuf in beharrlichem Rütteln an gängigen Körperbildern einen Kontext, in dem es wesentlich leichter fällt, einen Rücken wie Hoghes als ästhetisches Phänomen zu betrachten. So genießt Hoghe dort dieselbe Freiheit wie sein Publikum. Je nach Wahl der Beleuchtung kann er entweder zeigen, dass auch ein unkonventionell geformter Rücken den ästhetischen Reiz von Hochglanzphotos erklimmen kann, oder jeden Zuschauer auffordern, der Missbildung ins Auge zu blicken. So konfrontiert er ihn direkt mit sich selbst. Doch Scham ist ausgeschlossen, ebenso wie Schuldgefühle.

Das erlaubt, *Schwanensee* im Zeichen des Buckels als Dialog mit dem Mythos zu erleben – und nicht als moralische Anstalt. Und Hoghe verbindet das Aufregende an der Recherche von Bel mit der Lust an Ästhetik und Emotionen.

Er selbst rückt das Phänomen in den gesellschaftlichen Kontext: »In England, Belgien oder Frankreich gehen die Menschen einfach unbefangener mit einem Körper um, der anders ist. In der deutschen Tanzlandschaft gehört der aus der Norm fallende Körper schnell in die Schublade der Behinderten- oder Amateurarbeit.« Aber auch die genießt in Frankreich längst einen vollwertigen Status als Kunst. Was nichts über die Qualität des Angebots aussagt. Allein, der Blick auf ein Œuvre als Kunstwerk braucht sich nicht zu rechtfertigen.

Der Theatertheoretiker Georges Banu, der 1994 zusammen mit Michelle Kokosowski die Académie Expérimentelle des Théâtres gründete, postulierte Anfang der 1990er Jahre, der Grundtenor dessen, was in Frankreich kreiert werde, sei die »altérité«, die Auseinandersetzung mit dem Andersartigen. Eine aktuelle Form des Exotismus also. Heute ist es eher die Auseinandersetzung mit dem eigenen Körper(-bild). Hoghes Recherchen entsprechen beiden Kategorien. Und gerade als die »altérité« ihr Hohelied sang, sandte sein *Meinwärts* ihr ein perfektes Signal entgegen.

Heute lässt sich dagegen beobachten, dass der Künstler Hoghe fast schon zum Franzosen mutierte und viele seiner Stücke französische Titel tragen. So setzt er sich in den letzten Jahren mit fremden Kulturen auseinander. Verweise auf deutsche Geschichte gehören der Vergangenheit an. Auch sein Produktionsmodus hat sich geändert. Zwischen die großen Werke mischten sich kurze Soli oder Duette, die er den Interpreten auf den Leib schreibt oder sie mit ihnen gemeinsam entwickelt. Manche waren Interpreten in seinen Ensemblestücken, wie Emmanuel Eggermont oder Takashi Ueno. Hinzu kam die Begegnung mit Faustin Linyekula. Das Duett *Sans-titre* mit dem Kongolesen war ein Höhepunkt dieser Kreativität. Und die großen Produktionen dauern nun nicht mehr drei Stunden. Es reichen zwei. Doch wie soll das deutsche Publikum Hoghes Wandel bemerken? Selbst in Polen, Spanien oder Japan trat er 2011/12 häufiger auf als in seiner Heimat.

Alle Zitate stammen aus einem Gespräch mit Raimund Hoghe, das ich im August 2011 in Paris geführt habe.

Faustin Linyekula und Raimund Hoghe in *Sans-titre*
Raimund Hoghe in *Boléro Variations*

Die Sichtbarkeit von Verwandlung

FRANZ ANTON CRAMER

Die Sichtbarkeit von Verwandlung

Die choreographischen Arbeiten von Raimund Hoghe haben eine Qualität, die ich, ohne zu zögern, als schön bezeichne. Doch frage ich mich seit langem, was genau diese Einschätzung bedeutet, wie sie entsteht und ob sie sich jenseits einer rein persönlichen Vorliebe oder einer bloß subjektiven Wertschätzung begründen lässt. Bei der Durchsicht von Rezensionen, Essays und Notizen, die ich zum Werk Raimund Hoghes über die Jahre verfasst habe und die auszugsweise in vorliegenden Text eingestreut sind, lassen sich aber einige Punkte herausfiltern, an denen meine recht emphatische Rezeption sich entzündet hat.

»Je me souviens d'un rayon de soleil. Par une fenêtre grande ouverte, il entrait et tombait sur le sol noir du Théâtre Hangar. [...] toute l'atmosphère était là, entre cette lumière généreuse, le silence ponctué par des chants d'oiseaux, et l'attentivité du public, prêt à recevoir ce qui allait venir. Tout vibrait dans un état poétique. Je me souviens ainsi d'un des plus beaux moments vécus dans un théâtre.« (»Souvenir«, Danser, 2010)

Die Empfindung des Schönen ist nicht nur viel diskutiert, seit je strittig und daher begrifflich ein höchst unwegsames Terrain. Sie vermengt sich im Bereich der darstellenden Künste zudem mit einer ganzen Reihe anderer Faktoren und Kategorien, die mit der spezifischen Erlebnisqualität der Aufführung verknüpft sind. Dazu gehört vor allem die Teilhabe an einem Prozess, der sich vor meinen Augen entfaltet und eine kalkulierte Anzahl an Elementen so vorführt und gestaltet, dass sie in ihrem Zusammenspiel etwas erzeugen, das ich als ganz und gar eigentümlich erleben kann – als etwas, was sich radikal abhebt von anderem.

Das ist nicht spezifisch und könnte im Gegenteil sogar als allgemeiner Wahrnehmungszustand betrachtet werden; schließlich kann Welt als erkannte nur entstehen, wenn man Unterscheidungen zu treffen, Eigenheiten zu bestimmen und darauf aufbauend allgemeine Aussagen zu machen in der Lage ist. Dieser Zusammenhang von Ästhetik und Erkenntnis zählt zu den Grundthemen der Philosophie und der Kunstwissenschaft. Früher hätte man dieses Vermögen zum Allgemeingültigen womöglich Wahrheit genannt. Aber auch das ist ein Begriff, den man zumal im Bereich der Kunst, gar der darstellenden, nicht ohne Skrupel und Vorsichtsrhetorik verwenden kann. Andererseits bietet vielleicht gerade diese Engführung von Erlebnisqualität, Gestaltungskraft und Wahrnehmungsgabe einen Anhaltspunkt, um die Begründung einer spezifischen, sozusagen prozessualen Schönheit in den choreographischen Arbeiten Raimund Hoghes aufnehmen zu können.

Der Begriff des Schönen

In der humanistischen Ästhetik des deutschen Idealismus ist das Schöne eine paradoxe Angelegenheit: Schön ist, was sich in Freiheit Gesetzen beugt. Schönheit, so der berühmte Satz von Friedrich Schiller, ist »Freiheit in der Erscheinung« (*Kallias-Briefe*, 8. Februar 1793).[1] Aber diese Freiheit kommt nur zustande, weil sie sich bestimmten Regeln, oder Prämissen, unterworfen hat. Allerdings sind diese Regeln gerade nicht sichtbar: »Eine Form erscheint [...] frei, sobald wir den Grund derselben weder außer ihr finden noch außer ihr zu suchen veranlaßt werden.« (18. Februar 1793, S. 26) Die Möglichkeit des Schönen liegt demnach in dem Schönen selbst, in seiner Selbstbestimmung: »Schön heißt also eine Form, die sich selbst erklärt; sich selbst erklären heißt aber hier, sich ohne Hilfe eines Begriffes erklären.« (18. Februar 1793, S. 26)

Gleichwohl sieht Schiller ein doppelt dialektisches Verhältnis am Werk. Denn mag die Schönheit auch das Ergebnis einer Regel sein, der man sich fügt, so ist sie gleichwohl eine Bedingung der Freiheit, vielleicht sogar ihr eigentliches Medium. Die Schönheit, so könnte man Schiller lesen, ist der Weg, das Ziel ist die Freiheit: »Daß ich [...] die Schönheit der Freiheit vorangehen lasse, glaube ich nicht bloß mit meiner Neigung entschuldigen, sondern durch Grundsätze rechtfertigen zu können«, informiert Schiller im selben Jahr seinen Gesprächspartner in den 1795 gedruckten Briefen *Über die ästhetische Erziehung des Menschen*. Sein Projekt ist die Verknüpfung politischer Veränderung mit Kunstgesetzen, weil man »um jenes politische Problem in der Erfahrung zu lösen, durch das ästhetische den Weg nehmen muß, weil es die Schönheit ist, durch welche man zu der Freiheit wandert« (Zweiter Brief).[2]

Freilich ist die Ausgangslage im späten 18. Jahrhundert eine andere als heute. Die Freiheit, die Schiller meinte, war die Freiheit des (guten) Geschmacks. Das bürgerliche Subjekt konnte sich von der politischen Unmündigkeit frei machen, indem es dem Schönen als dem Wahren zugetan war und die Fähigkeit entwickelte, essentielle Unterscheidungen zu treffen. Insofern das monarchische Staatswesen der Freiheit des Einzelnen widersagte, konnte die Beschäftigung mit dem Schönen als einer Kategorie des Erlebens, der Bildung und letzten Endes der Sittlichkeit einen Raum bieten, in dem die politische Unfreiheit überwindbar schien. So wurde die Philosophie eine Abteilung der Kunstwissenschaft, und die Kunstwissenschaft – oder geläufiger gesagt: die Kunstkritik – zu einer philosophischen Praxis.

Die Tatsache, dass wir Individuen sind, deren Seinsberechtigung zunächst einmal unabhängig von aller staatlichen Verfassung gegeben ist, muss ein bestimmtes und bestimmbares Verhältnis zur Gesellschaft begründen können: »Nicht weil wir denken, wollen, empfinden, sind wir; nicht weil wir sind, denken, wollen, empfinden wir. Wir sind, weil wir sind; wir empfinden, denken und wollen, weil außer uns noch etwas anderes ist.« (*Ästhetische Erziehung*, Eilfter Brief, S. 42) Dieses andere, dieser dritte Begriff, diese außer uns liegende Bezugsgröße, die das schiere Sein mit dem individuellen Existieren vermittelt, versucht Schiller als das Schöne zu bestimmen. Es ist zwar vor diesem Hintergrund gerade nicht auf die Kunst beschränkt, sondern determiniert ein viel umfassenderes, eben auch politisches Panorama. Zugleich aber bietet die Kunst mit ihren Werken und deren Rezeption ein besonders fruchtbares Feld der Untersuchung.

Kunstbetrachtung wird zum Raum des Möglichen für das Subjekt, zu einem Refugium der ästhetischen und sinnlichen Selbstbestimmung ohne begriffliche oder ideologische Fremdherrschaft, wird doch dadurch »der sinnliche Mensch zur Form und zum Denken geleitet« und »der geistige Mensch zur Materie zurückgeführt« (*Ästhetische Erziehung*, Achtzehnter Brief, S. 71).

---

1 Friedrich Schiller: *Kallias oder über die Schönheit. [...]*. Hrsg. von Klaus L. Berghahn, Stuttgart (Reclam) 1971, S.18. Seitenangaben im Folgenden nach dieser Ausgabe.

2 Friedrich Schiller: *Über die ästhetische Erziehung des Menschen in einer Reihe von Briefen*. Mit einem Nachwort von Käte Hamburger, Stuttgart (Reclam) 1965, S.7. Seitenangaben im Folgenden nach dieser Ausgabe.

Und doch ist die Schönheit keineswegs ein Paradies, in dem die Widersprüche zwischen den Seinssphären mit einem Schlage aufgehoben wären. Im Gegenteil: »Die Schönheit verknüpft die zwei entgegengesetzten Zustände des Empfindens und des Denkens, und doch gibt es schlechterdings kein Mittleres zwischen beiden.« (*Ästhetische Erziehung*, Achtzehnter Brief, S. 72) Die Kernfrage, mit der sich Schiller beschäftigt, wäre demnach, wie das Organische mit dem Geistigen (heute sind dafür andere Begriffe in Umlauf, etwa materiell/immateriell oder technisch/somatisch) in Einklang gebracht werden kann, ohne deren Wesenseigenschaften jeweils einzuschränken. Immerhin ist die Schönheit ja der Raum des Einschlusses und der Gesamtheit, möglicherweise sogar des Absoluten. Doch bleibt einstweilen ungewiss, wie für den Menschen umgesetzt werden mag, was die Natur »in der hohen Freiheit des Schönen über die Fessel jedes Zweckes erhebt«, wobei sie sich »dieser Unabhängigkeit wenigstens von ferne schon in der freien Bewegung [nähert], die sich selbst Zweck und Mittel ist« (*Ästhetische Erziehung*, Siebenundzwanzigster Brief, S. 121).

Tanz und Gesellschaft

Den Tanz muss man sich zu Schillers Überlegungen selbst hinzudenken. Als künstlerische Form bleibt er außen vor – schon weil es ihn im »modernen« Verständnis noch gar nicht gab. Zwar gibt Schiller das berühmte Bild vor von der Abendgesellschaft, die den englischen Tanz ausführt, in schöner Ordnung, zwanglos den Regeln folgend und ohne Zusammenstöße ihren individuellen Wegen folgend. Dieses Beisammensein stellt ein Modell dar für das politisch Erstrebte: »Ich weiß für das Ideal des schönen Umgangs kein passenderes Bild als einen gut getanzten [...] englischen Tanz. [...] Es ist das treffendste Sinnbild der behaupteten eigenen Freiheit und der geschonten Freiheit des andern.« (*Kallias-Briefe*, 23. Februar 1793, S. 54) Aber damit ist nicht so

sehr die Kunst der subjektiven Bewegung gemeint als vielmehr die Geselligkeit als soziale Choreographie und die kollektiv verinnerlichte Behutsamkeit im Beharren auf seinem eigenen Selbst.

Dass im Tanz als individueller Praxis und künstlerischem Medium zentrale Fragen der Gesellschaft aufgerufen werden, ist eher eine Erfindung des 20. Jahrhunderts. In einer pathetischen Abhandlung des Theaterreformers Georg Fuchs von 1906 liest man, der Tanz werde »ausgeübt in dem schöpferischen Drange nach einem in sich harmonischen Erleben des Weltgeschehens, wodurch dieses als eine über der von uns nicht als Harmonie erfaßbaren Wirklichkeit bestehende vollkommene Ordnung beglückend und berauschend empfunden wird«.[3]

Die Schönheit des individuell verfassten Tanzens der humanistischen Geste der Befreiung zu sich selbst gleichzusetzen, das ist eine Art Denkfigur der Moderne und wird in nahezu allen Schriften und Zeugnissen der großen Künstlerinnen bemüht, von Isadora Duncan bis Pina Bausch. Und das gilt nicht für die Tänzerin, sondern auch für das Publikum: Tanz wird beschrieben als schiere Möglichkeit, sich im Zuschauen zu vollenden und einer Allgemeinheit zu vergewissern, die über das Begriffspaar einzeln/gemeinschaftlich hinausweist.

Schönheit bei Raimund Hoghe

Der Begriff der Schönheit ist in der konzeptionellen Strenge, um die Schiller gerungen hatte, schon längst verloren. Gleichwohl bleibt ein Grundmotiv seiner Theoriebildung, nämlich das menschliche Vermögen, »in den Fluten der Veränderung« die »beharrliche Einheit« zu wahren, als die allein der Mensch »in seiner Vollendung« vorgestellt werden könne (*Ästhetische Erziehung*, Eilfter Brief, S. 44), virulent. Die Möglichkeit des Tanzes wird zunehmend gesehen als das Einzelne in seinem Zusammenwirken mit dem Gemeinsamen.

Bei Hoghe stehen in der Entwicklung seiner Arbeiten seit 1992 zwei Dinge im Vordergrund: statt Ausgrenzung die Feier des Zusammen; und der gemessene Abstand zwischen Pathos und Stille. Die Menschen, die Hoghe zeigt, bewohnen weite Räume. In der Gestaltung dieser biographischen, emotionalen und gestischen Räume äußert sich der große Respekt, den Hoghe stets wahrt – Respekt vor dem Einzelnen, Respekt vor der Zeit, Respekt vor dem Betrachter. Niemals geht es um Überrumpelung, niemals um triumphierende Gesten. Es scheint, als seien seine Stücke fern aller auktorialen Fremdbestimmung. Es zeichnet Hoghes Arbeiten vor allem aus, dass die choreographische Skriptur niemals den einzelnen Tänzer unterordnet, vereinnahmt oder zum bloßen Mittel macht. Auch wenn neben der emotionalen Partitur, die sehr oft durch die Musik vorgegeben wird, die Herstellung, vielleicht sogar die Konstruktion von Bildern im Vordergrund steht – sie dienen letztlich dem Zweck, die Darsteller als Personen, als Einzelne und in ihrer Verborgenheit, sich vorstellen zu lassen. Und zu diesem Verborgenen zählt zweifellos die (Lebens-)Geschichte, das Gewordensein eines jeden. Um aber alles Bekenntnishafte zu vermeiden, sondern eben gerade eine andere Ebene der Vermittlung zu finden, greift Hoghe einerseits auf das Gegenständliche zurück, auf den Umgang mit Materialien der Welt, andererseits auf das Miteinander, auf die Gleichzeitigkeit im geteilten Raum.

»Das aussagestärkste Bild liefert Raimund Hoghe selbst. Nachdem Ornella Balestra mit Kaffeebohnen Spuren ihres Umrisses auf den Boden gestreut hat, versucht er, sich in diese Vorlage einzupassen. Natürlich füllt er sie nicht aus. Es passt eben kein Leben ins andere. Jeder bleibt mit seinem Sein allein. Das zu zeigen, ist Auftrag der Bühne – jenseits von Tanz, Tanztheater oder Drama. Es ist aber zugleich der gemeinschaftsstiftende Anlass schlechthin. Denn nirgends darf man sich so verbunden fühlen wie beim Anschauen des Unvereinbaren.« (»Tanzgeschichten«, Frankfurter Rundschau, 2003)

»Es ist, als könne das physische Ebenmaß sich an seinem Zerrbild gar nicht sattsehen, als wolle er die Erfahrung des Andersseins sich buchstäblich einverleiben, unter die Haut gehen lassen. Charmatz nimmt Hoghes Hand und fährt sich damit über den eigenen Rücken; er sucht, er provoziert, er inszeniert eine Begegnung, die in ihrer sinnlichen und letztlich erotischen Qualität eigentlich ungebührlich, un- erhört, unvorstellbar sein müsste. In Wirklichkeit ist es ein Akt der Huldigung, eine Behauptung des Möglichen, eine Inszenierung des Trotzdem. Im satten, aber nie hellen Licht rollt Charmatz das Objekt seiner Begierde schließlich auf die Seite, und aus diesem ›Opfer‹ eines seltsamen Fetischismus wird ein liegender Akt, dessen difforme Anatomie sich in skulpturale Sinnlichkeit verwandelt.« (»Über ›Régi‹ von Boris Charmatz, mit Raimund Hoghe«, Frankfurter Rundschau, 2006)

3 Georg Fuchs: *Der Tanz,* Stuttgart (Strecker & Schröder) 1906 (= Flugblätter für künstlerische Kultur; Bd. 6), Seite 6f.

Ornella Balestra in *Tanzgeschichten*
Geraldo Si in *Tanzgeschichten*

Form als Verwandlung

Im japanischen Theater – meine Beschäftigung mit dem Nô hat die Anlage dieses Essays geprägt – herrscht eine eigentümliche Spannung zwischen schwer lastender Tradition der Form und einer völligen Freiheit in der Darstellung. Weil es niemals um Illusion geht, sondern immer nur um Verdichtung und um Intensität, werden alle Elemente, die zum Zustandekommen der Aufführung als Objekt notwendig sind, gezeigt: Bühnenarbeiter, Szenenwechsel, Requisiten, Gewandmeisterei, Auftritte und Abgänge.

Wesentlicher Inhalt im Nô-Theater ist die Verwandlung. Aber die Verwandlung vollzieht sich immer vor aller Augen, niemals im Sinne einer Illusion. Die Bühne, die stets alles offenlegt, vermag daher auch der Verwandlung (meist sind es Geister von Verstorbenen, die sich transformieren) kein Versteck zu bieten. Sondern sie ist das Gefährt ihrer Energie, sie entlockt Bejahung. Sie nimmt auf, in ihrem unendlichen Anfangen und in

ihrem stets unerwarteten Ende, einem Ende, das nur Unterbrechung ist – wohin die erlösten Geister gehen, wenn sie durch den seitlichen Vorhang aus dem Gesichtsfeld getreten sind, weiß niemand. Wir dagegen bleiben, unser Gesichtsfeld bleibt, es wird kein Raum der Illusion geöffnet oder verschlossen. Es gibt auch gar keine Illusion, sondern nur eine Wahrheit in der Form, die keinen Widerspruch braucht (auch wenn sie ihn zulässt). Denn die Wahrheit liegt nicht in der Nachahmung oder in der Beschwörung oder im Schein. Sie liegt im Tun. Sie liegt darin, den Ablauf gerade so, in allen Teilen, stimmig und wach zu gestalten.

Ganz besonders markant ist diese Ästhetik der Verwandlung, die sich am Einzelnen zeigt und vollzieht,

in dem Repertoirestück *Kogô*. Erzählt wird die Geschichte der Geliebten des Kaisers, die aus dem Palast entfliehen muss und sich in der Einöde verbirgt, dort aber von einem Boten aufgespürt und zum Kaiser zurückgebracht werden soll. Sie hat eine weitgehend stumme und unbewegte Rolle. Nur wenige Male dreht sie sich in ihrem voluminösen Kostüm ein wenig nach links zu ihrer Hofdame. Während der kaiserliche Bote vor ihrer Gartentür ausharrt, um eingelassen zu werden, wird aber ihre Maske von Minute zu Minute lebendiger. Zuletzt beginnt sie zu strahlen. Die Maske ist lebendig geworden.

Diese Verlebendigung, dieses Einhauchen von Seele in ein Objekt, ist Merkmal einer künstlerischen Befähigung, mittels derer ein Zustand eintritt, in dem Veränderung möglich wird und fühlbar ist. »Etwas muß sich verändern, wenn Veränderung sein soll«, stellt Schiller fest, und »dieses Etwas kann also nicht selbst schon Veränderung sein.« (*Ästhetische Erziehung*, Eilfter Brief, S. 43) Das also, an dem die Veränderung sich zeigen kann, muß im Vorhinein vorhanden sein. Im Nô-Theater ist es die überlieferte Form. In ihr zeigt sich jene Technik, mit der Aggregatzustände der Wahrnehmung, der Körperlichkeit und der Repräsentation sich verwandeln können. Bei Hoghe, so könnte man festhalten, ist dieses Etwas die Individualität der Darsteller. Entscheidend bleibt das Gespür für die Komplexität der Gestaltwerdung. Aus ihr entsteht die Sichtbarkeit von Verwandlung.

Demnach liegt das Geheimnis nicht in der Form, sondern in der Wirkung. Sie betrifft die Transformation, wie sie im Rahmen des Bekannten möglich wird. In dieser Transformation liegt die Freiheit, die sowohl die Darsteller als auch das Publikum reklamieren. Die

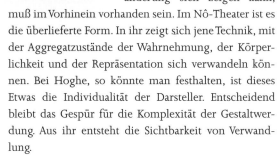

fixierte Form eröffnet die Möglichkeit zum eigenen Agieren. Der Moment des Eigenen ist die Verwirklichung der Form in der Anmutung: Freiheit in der Erscheinung.

Wandel und Identität

Indem Raimund Hoghe solchermaßen dem Einzelnen Räume gestaltet, in denen er zu sich selbst kommen kann, verwirklicht er, was in der Aufführung als Möglichkeit enthalten ist: die Verwandlung eben.

»Jeder der Beteiligten hat so die Möglichkeit, ganz bei sich zu bleiben, aber dieses Bei-sich-Bleiben so auszustellen, dass daraus eine große biographische Berührung entsteht. Balestra gibt ein hinreißendes Schwanensee-Adage (die Begegnung Odettes mit dem Prinzen) zu Originalmusik, aber nur in Andeutungen ausgeführt. Die Schulter leicht ans Kinn gezogen — die klassische Schwanengebärde aus Petipas Choreographie —, auf hoher halber Spitze, mit einigen wenigen Bourrées, so ist in ihrem melancholischen Blick eine gesamte Rollengeschichte verdichtet: [...] Zu solchen Momenten werden tatsächlich Geschichten erzählt. Aber jeder muss sie für sich selbst verstehen.« (»Tanzgeschichten«, Frankfurter Rundschau, 2003)

»Raimund Hoghe, l'ange inachevé‹ ist eine Hommage betitelt, die vor einigen Jahren in Frankreich veröffentlicht wurde, ›Hoghe, der unvollendete Engel‹. Dieses Motiv der Unfertigkeit, in gewisser Hinsicht auch des Deplazierten, der Fremdheit im eigenen Leibe ist sicher einer der Hauptgründe für den Kultstatus, den Hoghe in Frankreich genießt; und er ist vielleicht auch ein Grund dafür, daß man in Deutschland mit Hoghe so wenig anzufangen weiß. Von der rein physischen zu einer anderen, subtileren Auffassung des Körpers zu gelangen scheint in Frankreich fragloser möglich. Hier verehrt man Hoghe aufgrund seiner Gabe, das Offensichtliche zu unterlaufen. Er steht für die Aufhebung des Gegensatzes von schön und häßlich, makellos und unvoll-

kommen, ebenmäßig und entstellt. Die Bühne soll, darf und kann hier eine neue Wahrnehmung eröffnen, und Raimund Hoghe wird, gerade in einem Projekt wie ›Régi‹, zu einem Fetisch dieser Ver-Rückung. Dafür ist man ihm in Frankreich dankbar. In Deutschland bleibt er gerade deshalb ein Skandalon.« (›Über Régi‹ von Boris Charmatz, mit Raimund Hoghe«, Frankfurter Rundschau, 2006)

Si je meurs laissez le balcon ouvert ist der Titel der vorletzten Ensemblearbeit Hoghes. Diese Hommage an einen verstorbenen Künstler versammelt acht Akteure, die aus ihrem je ganz unterschiedlichen Erfahrungsraum das Thema des Verlustes, der Erinnerung und der Kontinuität kommentieren. Sie verkörpern ebenjene spezifische Form der Anwesenheit, die den Einzelnen affirmiert und gleichzeitig ein Gemeinsames ermöglicht in ihrer Hinwendung zum Verlust. »Um also nicht bloß Welt zu sein, muß [der Mensch] der Materie Form erteilen; um nicht bloß Form zu sein, muß er der Anlage, die er in sich trägt, Wirklichkeit geben.« (Ästhetische Erziehung, Eilfter Brief, S. 45) Diese Wirklichkeit braucht keine Ausgrenzung. Sie lebt im Gegenteil vom Einschluss, von der Teilhabe, auch des Publikums, wie Hoghe 2010 in einem Interview unterstreicht.[4]

Die Emotionen, die Hoghe in allen Arbeiten, die ich gesehen habe, mit so großer Intensität schafft, ohne sie zu begründen, zu erzählen oder zu verwenden, erhalten

---

4 Performer und Zuschauer nehmen im selben Raum am selben Ritual teil. Deshalb betreten die Performer die Bühne in *Si je meurs laissez le balcon ouvert* auch vom Zuschauerraum aus. (http://www.numeridanse.tv/fr/catalog&mediaRef=MEDIA 110606162705850)

Ornella Balestra und Marion Ballester in
Si je meurs laissez le balcon ouvert
Astrid Bas und Yutaka Takei in *Si je meurs laissez le balcon ouvert*

ihren eigenen Raum, ihre eigene Wahrheit, ihr eigenes Sein. Sie werden gewissermaßen erlöst, so, wie im Nô-Theater die Geister im Verlauf des Stückes immer erlöst werden. Ihr Durchgang durch die Aufführung hat ihnen etwas genommen – eine verkehrte Form gleichsam – und eben dadurch etwas gegeben: ihre Befreiung.

In der beständigen Vermittlung zwischen Bildhaftigkeit, Gefühl und Verbergung, in der ebenso behutsamen wie beharrlichen Nachzeichnung des Individuellen in jedem Darsteller, der doch in der Aufführung zu einem Gegenüber wird, dessen Leben mehr ist als nur das eigene – nämlich das Leben der Aufführung –, scheint Hoghe die Verheißung einlösen zu können, die das ästhetische Denken Schillers vor 200 Jahren erahnte. »Nur durch die Folge seiner Vorstellungen wird das beharrliche Ich sich selbst zur Erscheinung.« (*Ästhetische Erziehung*, Eilfter Brief, S. 43)

Dieser Friede in der Erscheinung, der sich einstellt zwischen demjenigen, an dem sich die Emotion zeigt, und dem Möglichkeitsraum, den die Bühne eröffnet, ist das Schöne an Hoghes Werk.

Zitierte eigene Texte:

Torkelnder Gott. Raimund Hoghe als Kultobjekt. Über *Régi* von Boris Charmatz, mit Raimund Hoghe. In: *Frankfurter Rundschau* vom 6. April 2006.

Auch ein krummer Rücken kann entzücken. Biographische Ehrlichkeit: Raimund Hoghes *Tanzgeschichten* in Hannover uraufgeführt. In: *Frankfurter Rundschau* vom 9. September 2003.

Souvenir pour les 30 ans du Festival de danse de Montpellier. In: *Danser*, Juli 2010.

Ensemble in *Si je meurs laissez le balcon ouvert*

Sarah Chase, Vincent Dunoyer
und Raimund Hoghe

Ensemble

Ensemble | Emmanuel Eggermont und Raimund Hoghe | Lorenzo De Brabandere | Ezra Eeman

TANZGESCHICHTEN

Lorenzo De Brabandere und Raimund Hoghe

Raimund Hoghe | Lorenzo De Brabandere | Ornella Balestra

Lorenzo De Brabandere und Raimund Hoghe

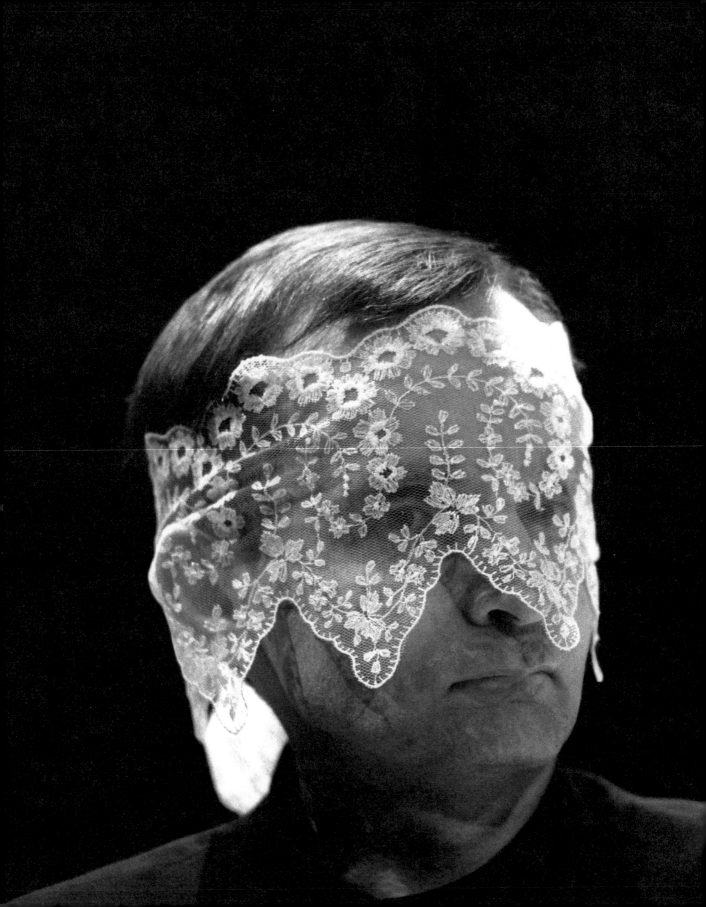

Doch immer war's ein Tanzen
ohne Ende

RAIMUND HOGHE

Doch immer war's
ein Tanzen ohne Ende

Notizen zu Ushio Amagatsu und Sankai Juku

Die Bilder bleiben.
Der Atem, der den Körper verändert.
Die Hände, die sich öffnen vor dem Körper.
Ein Mann in erdfarbener Uniform, dessen Körper zum monotonen Takt eines Metronoms gleichmäßig schwingt und plötzlich wie ein Brett zu Boden fällt.
Vier weißgeschminkte Männer, die sich in merkwürdigem Tanz wiegen und langsam ihre Hüllen fallen lassen.
Ein stolzer Pfau in den Armen eines Mannes mit rasiertem Schädel.
Körper ohne Arme.
Menschen, die zu Steinen werden.
Zwei Kreise, die sich unmerklich aufeinander zu bewegen.

»Eins, zwei, drei, vier, Eckstein, alles muss versteckt sein.« Manche der von Sankai Juku entworfenen Bilder und Szenen erinnern nicht nur an Beschwörungsrituale fremder Kulturen, sondern haben auch etwas von Kinderspielen, von einer Zeit, in der man spielerisch mit Leben und Tod umgehen konnte und voller Lust etwas von sich und seiner Umgebung entdeckte. Möglich werden Blicke in Räume, in denen verschiedene Realitäten ineinander übergehen – wie in einer Geschichte des Tänzers Goro Namerikawa, der einmal vom roten

Schnee seiner Kindheit erzählte. »Als ich Kind war, schneite es einmal rot. Ich dachte, dass der Sand aus der Mongolei das ausgelöst hätte, und stellte mir immer vor, dass es in anderen Ländern ein ganz anderes Leben und ganz andere Menschen geben müsste.« Auf einer Mauer, am Ufer eines Flusses, hinterließ ein Sprayer mit weißer Farbe »Die Sehnsucht nach einem Leben, das ...«.

Einander suchen, einander bekämpfen. Zwei Männer gehen nebeneinander durch den Raum. Überqueren Seite an Seite die Bühne und nähern sich allmählich einem roten Kreis aus durchsichtigem Glas. Entfernen sich voneinander. Nehmen, getrennt voneinander, im Zeitlupentempo, Haltungen ein, Positionen. Erst angestrengt, später immer lustvoller, lockerer. Die aus den Lautsprecherboxen kommende Musik klingt sanft. Ein zweites Paar erscheint. Begegnungen entstehen. Es kommt zu Berührungen, die an Zärtlichkeit denken lassen und sehr vorsichtig sind, behutsam. Doch aus der Vorstellung von Zärtlichkeit wird ein Kampf, Ringkampf und Geschlechtsakt. Die Bewegungen werden immer schneller und heftiger, die fast nackten Körper zu Boden geworfen – bis zur Niederlage, zum Sieg und einem letzten Kuß.

Ushio Amagatsus Stücke sind voll solcher Verwandlungen, Verbindungen, Veränderungen, reich an fließenden Übergängen zwischen Zärtlichkeit und Gewalt, Schönheit und Schmerz, Liebe und Tod. In seinen Arbeiten, sagte der Tänzer und Choreograph bei einer unserer ersten Begegnungen Anfang der achtziger Jahre, seien immer mindestens zwei Seiten einer Sache zu sehen. Das gilt nicht nur im übertragenen Sinn. In einer Szene seines Stücks *Bakki* steht er hinter einer Glasscheibe und tanzt. Die Bewegungen sind wieder sehr reduziert und behutsam. Das makellose weiße Gesicht des Tänzers ist lange Zeit nur im Profil zu sehen. Erst spät wird auch die lange verborgene Seite sichtbar – eine entstellte und verletzte. Auch in anderen Stücken und Szenen sind die Bilder der Schönheit nicht ungebrochen, die makellosen Körper gezeichnet, verwundet. Schmale rote Spuren verlaufen an Beinen und Ohren; ein Mann hat eine kraterähnliche Wunde am Kopf; die maskierten Gesichter der Tänzer, die in *Kinkan Shonen* zum »Ritus höchster Feierlichkeit in der Mitte der Stadt zusammenkommen«, wirken wie offene Wunden, zerschossen, zerstört – und erlauben doch auch eine andere Sicht. Für ihn seien es nur angelegte Masken gewesen, erklärt ein Freund nach einer Vorstellung. Mit den maskierten Gesichtern tanzen die Männer. Tasten blind nach dem Raum, nach dem anderen.

»Wenn sie meine Hand auslassen, ist es, als wären wir tausend Meilen voneinander entfernt«, berichtet eine Taubblinde. Die Tänzer halten ihre Hände, als würden sie etwas sehr Kostbares und Zerbrechliches forttragen und beschützen wollen. Und was wie ein Totentanz begann, wird zu einer Feier des Lebens. Die zerstörten Gesichter sind nicht mehr zu sehen. Mit dem Rücken zum Publikum tanzen die Männer sich wiegend und entblößend aus dem Raum.

»Mit nichts entblößt man sich so wie mit Masken. Nackt, um zu entschlüpfen«, notierte Jean Genet, einer der europäischen Wahlverwandten des Butoh. Die Butoh-Aufführungen: immer auch Auseinandersetzungen mit Masken, Maskeraden, Außen- und Innenräumen,

Kunst und Leben – und der Sehnsucht, das wieder zu verbinden: Mensch und Natur, Kopf und Bauch, Männliches, Weibliches. Rezepte, Programme, Antworten sind dabei nicht zu erwarten. »Ich habe gelernt, ein- und auszuatmen, und bin an einem bestimmten Ort groß geworden, unmöglich, dieses ganz persönliche Erlebnis lehren oder lernen zu wollen«, erklärte der Tänzer und Choreograph Tatsumi Hijikata, der zusammen mit Kazuo Ohno einer der Wegbereiter des Butoh war. »Die Beobachtung der Kinder und wie sie mit dem eigenen Körper umgehen hat meinen Butoh stark beeinflusst«, stellte er in seinem letzten öffentlichen Vortrag fest und erinnerte an den kindlichen Umgang mit Gegenständen, die tot genannt werden: »Ich habe einmal eine Schöpfkelle heimlich mit ins Feld genommen und dort zurückgelassen, weil sie mir in ihrer dunklen Küche leid tat – ich wollte ihr das Land zeigen. Die Glieder und Teile seines Körpers wie eigenständige Gegenstände oder Werkzeuge zu empfinden und, umgekehrt, die Dinge zu lieben wie seinen eigenen Körper: Hier liegt ein großes Geheimnis für den Ursprung des Butoh.«

Butoh beinhalte mehr, als nur eine Theatervorstellung zu spielen – »es ist Leben, und ich muß dabei mich, meinen Körper verstehen und finden«, sagt Ushio Amagatsu. Doch mit Worten könne er Butoh nur schwer definieren. »Ich kann meine Antwort nicht sagen, nur tanzen – und wenn ich sie wüsste, würde ich vielleicht aufhören zu tanzen.« In seinem Stück *Kinkan Shonen* steht er einmal im bodenlangen schwarzen Abendkleid auf der Bühne und tanzt. Tanzt und tanzt, als könne er nicht mehr aufhören und suche jemanden, der ihm helfen könnte, diesen Tanz zu beenden. In einem Gedicht heißt es: »Doch immer war's ein Tanzen ohne Ende.« In *Unetsu* tanzt Amagatsu durch das Wasser, zwischen den Menschen, die erstarrt sind wie Steine – als wolle er mit seinem Tanz die Steine zum Leben erwecken. »Wie Steine auf dem Friedhof warten sie / mit offnen Augen auf den letzten Blick«, schreibt Heiner Müller in seinem Stück *Zement*.

Die Bilder bleiben. Die Bilder kehren wieder. *Shijima*. In einem Rechteck aus Licht liegt ein Mann wie in einem Sarg. Vier Männer mit Kapuzen tragen den Leblosen durch den Raum. Langsam beginnt sich der erstarrte Körper zu bewegen und scheint zu schweben. In *Kinkan Shonen* liegt ein Mann zusammengekauert auf dem ebenen Bühnenboden und entdeckt die Welt wie ein Kind. Entdeckt das Sehen, das Hören, das Tasten, das Riechen, das Schmecken. Wirft sich wieder und wieder die auf dem Boden liegenden Reiskörner und Sand in den Mund, spuckt sie aus und wirft sie sich wieder in den Mund – mit einer Ausdauer und Unbeirrbarkeit, einer Lust und einer Verzweiflung, die an Charlie Chaplins Tramps erinnert, an Kinder auch und eine Legende des Butoh: den 1906 geborenen Kazuo Ohno, der auf der Bühne Kind sein kann und Greis, Priester und Clown, ein Zauberer, der von Trauer spricht und Freude, Hoffnung und Angst, von Verwundungen und der Beharrlichkeit eines Schmetterlings, der mit verletztem Flügel bereit ist zu fallen und doch nicht müde wird, wieder und wieder aufzuflattern. »Der Augenblick äußerster Müdigkeit, wenn eine extreme Anstrengung den Körper wieder aufrichtet: Das ist der wahre Ursprung des Butoh. Tod und Wiedergeburt. Das Glück, trotz des hohen Alters in Gang zu bleiben wie ein Oldtimer. Die Toten beginnen zu laufen.«

Einfach gehen. »Put your foot on the floor slowly«, notiert Ushio Amagatsu in einem Text zu *Unetsu*. Auch in anderen Stücken ist immer wieder dieses Gehen zu sehen. Vorsichtig setzen die Tänzer einen Fuß vor den anderen – als könne jeder Schritt in den Abgrund führen, ins Unbekannte, Vergessene. Zum Beispiel in *Kinkan Shonen*, im »erinnernden Traum eines geschorenen Knaben«. Mit kleinen Schritten kommt ein Mann nach vorn, groß wie ein Zwerg, mit alterslosem Gesicht. Steht an der Rampe und lacht ein Lachen, von dem man nicht weiß, ob es nicht ein Weinen ist, das sich hinter einem Lachen zu verbergen und zu schützen sucht. Mit diesem

Lachen, das stumm ist und als sehr laut im Gedächtnis nachklingt, geht er zurück und entdeckt den aufs Glas gemalten roten Kreis. Nähert sich ihm und stößt an die gläserne Scheibe. Hält inne. Geht weiter und lacht weiter. Steht vor einer Stufe und versucht, die für ihn kaum überwindbare Barriere zu überwinden. Unternimmt immer neue Ansätze. Schafft es – und erlebt schon wenig später die neue Höhe als Abgrund. Hebt die Arme wie Flügel und stürzt zu Boden. Bleibt eingerollt wie ein Embryo auf der Seite liegen. Bewegt sich vorsichtig. Entdeckt sich, eine Hand, ein Bein, seinen Körper, der sich aus der Kleidung schält und wächst, groß wird, normal. Aus seinem Lachen ist ein Weinen geworden. Wie über einen Verlust weinend steht er da: im bodenlangen schwarzen Abendkleid, tanzend. Vorn, im Halbdunkel, sitzt ein einzelner Mann unberührbar da wie eine Statue.

»Parlez-moi d'amour.« Ein Mann streicht sich mit den Händen über das Gesicht.

Ein Freund zeichnet zwei Fische, die nicht mehr im Wasser sein wollen.

Ein Mann hält einen Pfau in seinen Armen und scheint mit ihm zu tanzen, presst sich an ihn, bewegt sich zärtlich mit dem Vogel und hält seinen Hals und seinen Körper fest umschlossen. Vorsichtig geht er mit ihm auf die mit einem roten Kreis bemalte Glasscheibe zu und steht hinter dem roten Rund wie vor einem Spiegel, stolz und erschreckt, voller Sehnsucht und Trauer. Entfernt sich. Lässt den Körper und dann auch den Hals des Pfauen los. Lässt den Vogel frei und fliegen – und scheint ihn doch noch immer in den Armen zu halten.

»Write about your feelings«, forderte mich Ushio Amagatsu bei unserem ersten längeren Gespräch auf. Später sagte er noch: »Das direkte Gefühl ist wichtig.« Er bezog das auch auf seine Aufführungen, die auch und nicht zuletzt als Zeremonien zu verstehen sind. »Ich denke immer an eine Zeremonie, bei denen Leute für ein, zwei Stunden zusammenkommen und dann wieder in ihr Leben zurückgehen. Es sind nur ein oder zwei Stunden, und nur fünf Leute spielen, aber es ist dieselbe Zeit und derselbe Raum – und in dieser Zeit entsteht vielleicht eine Veränderung.« Wenn Amagatsu in seinen Stücken von Liebe und Gewalt, Geburt und Tod, den Stürzen aus dem Kindheitstraum und dem schmerzhaften Erwachsenwerden spricht, ist immer auch eine große Sehnsucht zu spüren – nach direkten Erfahrungen, nach Schönheit und Veränderungen des Bestehenden. So geben die Vorstellungen von Sankai Juku immer auch eine Ahnung davon, dass alles ganz anders sein könnte. Einmal schenkte mir Amagatsu ein von ihm aufgenommenes Polaroidbild, das etwas scheinbar Unmögliches zeigte: ein rohes Ei, das aufrecht steht. Auf der Bühne scheinen die Tänzer manchmal zu fliegen, mit den Händen, mit dem Körper – gleich dem Weisen aus ferner Zeit, der sich einen Traum erfüllte und die anderen lehrte, »wie man mit beiden Beinen auf der Erde träumt«.

Die Bilder bleiben.
Die Bilder kehren wieder.
Spuren von Körpern an hohen Wänden.
Ein Einzelner in einer Wand, hoch über den anderen.
Der Boden ist unerreichbar, der Mund geöffnet zu einem stummen Schrei.
Ein Mann geht durchs Wasser.
Sand fällt vom Himmel.
Eier schweben.
Wände verschwinden.
Fingerspitzen, rot, wie in Blut getränkt.
Ein Ei zerspringt.
Die Körper der Menschen, die erstarrten wie Steine, stürzen ins Wasser, richten sich auf, stürzen wieder, richten sich wieder auf, stürzen, stürzen, stürzen, richten sich wieder auf.
Ein Platz bleibt leer.
»Ein Tag, an dem der Schnee fällt, ist ein kalter Tag«, heißt es in Junichiro Tanizakis *Lob des Schattens*.

Raimund Hoghe in *Meinwärts*

Der Text wurde erstmals gedruckt in der Fachzeitschift *tanzdrama*, Nr. 67, 2002, Seite 9–11.

Lorenzo De Brabandere und Raimund Hoghe in *Swan Lake, 4 Acts*

Der Spiegel und die leere Bühne

GERALD SIEGMUND

Der Spiegel und die leere Bühne

Raimund Hoghes Inszenierung von Begehren

I Want that Man

Die Frau im blauen Badeanzug und auf Stöckelschuhen stürmt auf die Bühne und schimpft lautstark, dass sie von niemandem Hilfe brauche. Entschieden bestimmt Jo Ann Endicott in Pina Bauschs Stück *Walzer* von 1982, dass ihr ein Tisch und ein Apfel gebracht werde. In einer Mischung aus Selbstbehauptung und Aggression beißt sie Stücke des Apfels ab und würgt sie heftig hinunter. Doch während sie das Obst so zerstört, zerbröckelt auch langsam ihre Fassade, und zum Schluss ist sie nur noch ein schluchzendes Bündel Elend. Bevor sie völlig zusammenbricht, bittet sie nun doch ihre Kollegen um Hilfe.[1]

Raimund Hoghe, der in den 1980er Jahren Dramaturg bei Pina Bausch war, erinnert an diese Szene in seinem eigenen Stück *Tanzgeschichten* von 2003. Wie auch Meryl Tankard war Jo Ann Endicott »one of the strong women from Pina Bausch, Tanztheater Wuppertal. More than twenty years ago. I loved these strong screaming women on stage. But now I'm tired of screaming people on stage«, kommentiert Hoghe in der Aufführung, während er die Bühne umkreist und sogar seine Schuhe in einer Mischung aus Aggression und Aufregung von sich schleudert, als wollte er sowohl solche Frauen wie auch seine Kritiker verscheuchen. Auf der großen leeren Bühne balanciert ein junger Mann hinter einem Haufen brauner Kaffeebohnen auf seinen Fußballen. »And therefore I do what I do«, fährt Hoghe fort, und sein Blick schweift zwischen dem Publikum und dem völlig in sich versunkenen jungen Mann hin und her. »And I do it together with him: Lorenzo De Brabandere, just twenty years old, a good football player and always forcing me to keep on going over borders. And I follow him because he is strong. And he is not afraid of me. But now I'm tired and I need music. Sweet music. Please.«

Die ganze Zeit brüllt Hoghe, so laut er kann. Obwohl er gerade erklärt hat, wie sehr ihn schreiende Figuren auf der Bühne langweilen, scheint diese Müdigkeit ihn selbst nicht zu betreffen. Fast wütend schleudert er seine Erklärung, warum er tut, was er tut, in Richtung des Publikums und der Kritiker, die denken, es sei in Ordnung, wenn Frauen auf der Bühne herumbrüllen, aber dass es für Männer nicht angemessen sei. Warum eigentlich? In einem Akt der Ersetzung werden die schreienden Frauen durch Männer substituiert und durch Raimund Hoghe im Besonderen. Weibliche Hysterie, die die physische Manifestation von verdrängtem Begehren ist, wird metonymisch auf Hoghe und das männliche Geschlecht übertragen. Diese Operation setzt schreiende Frauen und Männer in eins, weil ihre Handlung in beiden Fällen Begehren für ein Objekt

1 Zur Beschreibung des Stücks vgl. Norbert Servos: *Pina Bausch – Wuppertaler Tanztheater oder die Kunst, einen Goldfisch zu dressieren*, Seelze-Velber (Kallmeyer) 1996, S. 152–155.

Lorenzo De Brabandere und Raimund Hoghe in *Swan Lake, 4 Acts* zum Ausdruck bringt, das nicht besessen werden kann. In *Tanzgeschichten* verkörpert Lorenzo De Brabandere diese verbotene Frucht.

Im Folgenden werde ich Hoghes Strategien der Inszenierung von Begehren betrachten, wobei ich mich hauptsächlich auf *Sacre – The Rite of Spring* und *Swan Lake, 4 Acts* konzentrieren werde. Ist das Theater generell ein Ort, an dem unser Begehren zu sehen und zu hören inszeniert wird, so reflektieren Raimund Hoghes Choreographien auf diese Funktion des Theaters, indem sie sie zum Thema machen. Hoghe fungiert in diesem reflektierten Spiel des Begehrens als eine Art Regisseur, der Dinge und Körper ins Spiel bringt. Er führt und inszeniert sie sichtbar vor aller Augen. Dadurch löst er sie von sich als Person ab und übergibt sie den Zuschauern im öffentlichen Raum des Theaters. Er reicht sie uns dar, damit wir sie sehen, hören und in ihrem Begehren anerkennen.

Spiegelungen

Tanzgeschichten beginnt mit einer typischen Szene, die man in vielen verschiedenen Versionen in fast allen von Hoghes Ensemblestücken finden kann: der Spiegelung. Ein schwarzer Vorhang verdeckt die Rückwand der Bühne und lässt nur kleine Zugänge auf jeder Seite. Mit ihren nackten Rücken dem Publikum zugekehrt, treten Raimund Hoghe links und Lorenzo De Brabandere rechts auf. Hoghe trägt eine schwarze Hose, De Brabandere eine khakifarbene mit weißen Streifen. Schritt für Schritt bewegen sie sich langsam seitwärts aufeinander zu. Mit jedem Schritt lassen sie eine Handvoll Kaffeebohnen über ihre Rücken auf den Boden rieseln, zuerst vorsichtig, sodass die Bohnen ein Geräusch wie fallende Regentropfen verursachen. Während Tschaikowskis

Walzer aus dem *Nussknacker* gespielt wird, werden ihre Gesten immer bewegter und stilisierter, bevor sie zum Schluss die Bohnen wie Wasserfontänen hoch in die Luft werfen. Schließlich stehen sie voreinander, und Hoghe dreht sich herum, um seinen Partner anzuschauen und verbirgt dabei seinen Rücken mit einem schwarzen T-Shirt.

Der Dunkel-Hell-Kontrast als Farbschema kehrt in *Swan Lake, 4 Acts* wieder. Im Kontext dieses Stückes erinnert es natürlich an die schwarzen und weißen Schwäne Odile und Odette, die Prinzessin, die durch den Zauberer Rotbart in einen Schwan verwandelt wurde. In Hoghes Interpretation sind die Rollen allerdings nicht klar definiert. Beide Männer könnten Prinz oder Schwan sein – oder vielleicht nichts von beidem. Auch hier gibt es einen T-Shirt-Tausch. Als Lorenzo De Brabandere auftritt, schaut er wieder Hoghe an, der sein weißes T-Shirt auszieht und seinen Buckel dem Publikum zeigt. Er gibt es De Brabandere, der ihm dafür sein schwarzes reicht, was auf eine gegenseitige Verbindung der beiden hinweist. Die Position der beiden Männer markiert die Mittelachse der Bühne und teilt sie in zwei sich gegenseitig spiegelnde Hälften. Hier stehen sie nun und pressen ihre Handflächen gegen die des anderen, während sich ihre Körper einander zuneigen. Hier liegen sie schließlich auf dem Boden, Hoghe auf den Knien mit gesenktem Kopf und wie Schwanenflügel ausgestreckten Armen, während er den hingestreckten De Brabandere auf seinem Rücken trägt.

Sacre – The Rite of Spring lebt von dieser Zweierbeziehung. Sie knien voreinander und halten sich an den Händen, während ihre Körper sich nach hinten neigen. Sie liegen Kopf an Kopf auf dem Boden, Hoghe auf dem Bauch mit am Körper angewinkelten, De Brabandere

auf dem Rücken mit seitlich ausgestreckten Armen. In einer der dramatischsten Szenen des Stücks liegt Hoghe auf dem Rücken und berührt mit seinen Füßen die des sitzenden De Brabandere, der ihn über die Bühne schiebt. Beide sind in in dieser Art des Pedaletretens motorisch verbunden, Hoghes Körper, sein Kopf pendelt links und rechts aus der Achse. Es wirkt, als träten sie sich gegenseitig zum Orgasmus, wenn es noch ein wenig länger dauern würde.

Swan Lake, 4 Acts stellt die Funktion von Hoghe auf der Bühne regelrecht aus. In seiner Klassikerbearbeitung ist er nicht nur Akteur, sondern von Anbeginn an auch der Zeremonienmeister, der für die Auftritte der Figuren die Bühne bereitet. Vor einem kleinen Theatermodell aus Papier genau in der Mittelachse der Bühne stehend, zündet Hoghe das Licht an. Nachdem er sich auf einen Stuhl gesetzt hat, wartet er auf die anderen Tänzer, die hinter der Szene auftauchen und auf einer Reihe Stühle an der Rückwand Platz nehmen. Hoghe erlöst sie schließlich aus ihrem Zuschauerdasein, indem er sie einzeln an die Rampe führt, wo sie kleine Bewegungssequenzen ausführen, die an das Vokabular von Schwanensee erinnern: die sanften Wiegebewegungen der Arme; die Hand, die das Herz überquert, bevor sie zum Schwur erhoben wird. Dann unterbricht er sie und begleitet sie zurück zu ihren Sitzen. Die Bühne stellt damit ihren Modellcharakter in den Mittelpunkt des Geschehens.

Hoghes Schwanensee stellt nicht nur eine Version von Schwanensee dar, sie stellt auch eine Erinnerung an vergangene Schwanensee-Bearbeitungen her, deren Bruchstücke das Material von Hoghes Arbeit bilden. Die Bühne selbst ist demnach auch ein Spiegel von Schwanensee, in dem die Darsteller sich traumwandlerisch an ihre früheren Rollen in diesem Ballett erinnern. Balestra war einst Ballerina

bei Maurice Béjart, und Brynjar Bandlien arbeitete mit John Neumeier. Es gibt keine lineare Erzählung, der man folgen und an die man sich klammern könnte. Stattdessen nehmen sie die Spuren ihrer eigenen Geschichte als Tänzerinnen und Tänzer wieder auf, womit sie sich aber auch auf die Spur ihres Begehrens begeben. Dieses klammert sich an Erinnerungen, an flüchtig wirkende Gesten und Bewegungen, die es einfangen und ein feines Gespinst aus Spuren weben, in dem es sich verfängt. Um Begehren als Begehren zum Erscheinen zu bringen (und nicht als Begehren nach einer bestimmten Person oder einem bestimmten Objekt), müssen die Spiegel das Stück in kleine Fragmente und aufleuchtende Details zerlegen. Das Resultat ist eine Anamorphose des Stücks, das sein traditionelles Zentrum aus der Perspektive hinaus und in den uneinholbaren Fluchtpunkt der Spiegelungen verschiebt. Der Fokus der Anamorphose ist dabei der Verlust als das Reale des Begehrens, das als Reales niemals erscheinen oder repräsentiert werden kann. Es spricht lediglich von seiner ontologischen Leere und Nichtigkeit.

Was diese Spiegelszenen tun, ist Aufmerksamkeit auf die Unvereinbarkeit des Subjekts mit sich selbst zu richten, da es durch Identifikationen geschaffen wird. Der Spiegel führt das Subjekt in die Irre, weil sich sein Bild ihm von einem Ort nähert, an dem es körperlich

---

2 Siehe Arnd Wesemann: *Die Biographie des Buckels: Raimund Hoghe*, in: *Ballett International / Tanz Aktuell* 7 (Januar 1999), S. 48–51, und Hoghes Text *Den Körper in den Kampf werfen* auf Seite 150 in diesem Band.

Ornella Balestra und Lorenzo De Brabandere in *Swan Lake, 4 Acts*
Lorenzo De Brabandere und Raimund Hoghe in *Sacre – The Rite of Spring*

nicht ist. De Brabandere nähert sich Hoghe aus dem dunklen unbekannten Ort der hinteren Bühnenwand als ein Phantom, genau wie alle anderen Tänzer Phantome der Einbildungskraft sind. Hoghe inszeniert eine Fixierung auf ein Idealbild, das nie nachgibt, das weder völlig verschwinden noch gehorchen will. Das Ergebnis ist eine Hängepartie. Weder in Bewegung noch völlig statisch, hängt sich das Bild an den Betrachter, ohne dass es jemals mit ihm eins wird. Man kann nie im Bild dessen sein, das mit dem Objekt des eigenen Begehrens identisch wäre.

In all diesen symmetrischen Arrangements können die beiden Hälften nie zusammenkommen. In die perfekte Spiegelung ist bei Hoghe stets die Markierung des Verlusts eingetragen, der die ideale Schließung des Bildes verhindert und über es hinausweist. Eine unsichtbare Wand oder die Oberfläche des Spiegels trennt die beiden Hälften. Sie hält sie zurück, während sie gleichzeitig Berührung verspricht. Wenn sich die beiden Darsteller nach vorn beugen und mit all ihrem Gewicht ihre Handflächen aufeinanderpressen, begeben sie sich in ein Spiel der gegenseitigen Abhängigkeit, das ihre Körper im Gleichgewicht hält. Aber die müssen sich auch voneinander wegdrücken, um nicht hinzufallen. Das Spiel des Gebens und Aufnehmens von Impulsen und Gewichten erhält so einen aggressiven Unterton. Lorenzo De Brabandere erscheint als ein begehrtes Idealbild von Raimund Hoghe: Ich will Dich (Du sein), aber ich kann (Dich) nicht (haben). Die schwarzen und weißen Kostüme können auch als Schwarz-Weiß-Photo und sein Negativ verstanden werden.

Diese Markierung, von der ich spreche, ist Hoghes Buckel. Er ist zunächst ein persönliches Detail. Hoghe selbst hat immer wieder darauf verwiesen, dass es ihm in seinen Stücken auch

darum gehe, seinen gesellschaftlich nicht normgerechten Körper in die Waagschale politischer Auseinandersetzung zu werfen.[2] Damit wird sein *Schwanensee* zu Hoghes eigenem Traum von Schönheit und Perfektion, von der sein Körper aufgrund gesellschaftlicher Normen und Tabus ausgeschlossen bleiben muss. Dieses Begehren, perfekt und ganz zu sein, teilt er mit jedem von uns, so wir als Menschen liebende Wesen sind. Seine Stücke reflektieren dieses Begehren und inszenieren es in Spiegelszenen, die die Unmöglichkeit der Erfüllung dieses Begehrens stets mitthematisieren.

Der Buckel gehört dadurch aber nicht mehr länger nur zur Person Hoghes. Ihm ist eine symbolische Dimension eigen, die über die Biographie seines Trägers hinausweist. Hoghes Buckel fängt unseren Blick, weil er den Blick stört. Er markiert eine Störung, die auf etwas Grundsätzliches verweist: einen anderen, gesellschaftlichen Blick nämlich, der immer schon da ist, ohne dass wir ihn als solchen sehen oder verorten könnten. Er ist der Fleck im schönen Bild, der auch ans Publikum nicht zurückgespiegelt werden kann, weil er dort keine bildliche Entsprechung findet. In seiner symbolischen Funktion steht er ein für etwas, zu dem wir keinen Zugang haben: den Grund unseres Begehrens, das sich an den Buckel als nicht symbolisierbaren Rest heftet, faszinierend und verstörend zugleich. Der Buckel markiert diese Verfehlung der Schließung des Spiegelbildes, aus der unser Begehren, zu sehen und mehr zu sehen, resultiert, der uns rastlos macht, weil wir nie genug sehen können.

An dieser Stelle muss an Hoghes Funktion als Regisseur des Bühnengeschehens, als eine Figur, die zugleich außerhalb und innerhalb des Geschehens steht, zurückgekommen werden. Es scheint geradezu so zu sein, dass Hoghe seine Figuren und Dinge aus und vor dem

Theater seiner Kindheit hervorzauberte. Er lässt sie auf der Bühne erscheinen und erweckt sie zum Leben wie ein Puppenspieler, ohne sie überhaupt nur zu berühren. Gerade in *Swan Lake, 4 Acts* rückt Hoghe als eine Art märchenhafter oder magischer Mittlerfigur ins Zentrum des Geschehens, ein Mittler zwischen einer fast vergessenen Vergangenheit, die er ins Hier und Jetzt des Bühnenraums zurückholt, wo sie melancholisch und uneinholbar ihr geisterhaftes Unwesen treibt. Walter Benjamin beschließt seine Beobachtungen aus der *Berliner Kindheit um Neunzehnhundert* mit einer Reminiszenz an *Das bucklichte Männlein*, das dem Kind wiederholt im Traum erscheint, das ihm stets zuvorkommt, ihm und den Gegenständen die Gegenwart stiehlt, sodass es das Nachsehen haben muss. Das Kind bekommt diese rätselhafte Gestalt selbst nie zu sehen, die Auswirkungen seiner stummen und unsichtbaren Präsenz aber zu spüren.

Wen dieses Männlein ansieht, gibt nicht acht. Nicht auf sich selbst und auf das Männlein auch nicht. Er steht verstört vor einem Scherbenhaufen. [...] Wo es erschein, da hatte ich das Nachsehn. [...] Das Männlein kam mir überall zuvor. Zuvorkommend stellte sich's in den Weg. Doch sonst tat er mir nichts, der graue Vogt, als von jedwedem Ding, an das ich kam, den Halbpart des Vergessens einzutreiben.[3]

3 Walter Benjamin: *Berliner Kindheit um Neunzehnhundert.* In: ders., *Kleine Prosa. Baudelaire-Übertragungen. Gesammelte Schriften Band IV.1*, hrsg. von Tillman Rexroth, Frankfurt a.M. (Suhrkamp) 1991, S. 303.
4 Giorgio Agambem, *Profanierungen,* Frankfurt a.M. (Suhrkamp), 2005, S. 29.
5 Judith Butler, *Psyche der Macht. Das Subjekt der Unterwerfung,* Frankfurt a.M. (Suhrkamp) 1997, S. 15.
6 Sigmund Freud, *Triebe und Triebschicksale,* in: ders.: *Psychologie des Unbewussten. Studienausgabe Band III.* Frankfurt a.M. (Fischer) 1982, S. 75–102.
7 Die Rolle von Sex und Gewalt in *Sacre – The Rite of Spring* bespricht mein Aufsatz *Le sacre du printemps,* in: *ballet-tanz* 03/2004, S. 8–11.

Lorenzo De Brabandere und Raimund Hoghe in *Swan Lake, 4 Acts*

Die Gegenwart und damit unser Leben und Begehren gehören uns nicht. Sie sprechen von etwas, was sich in ihrem Erscheinen selbst entzieht. So sammelt das bucklicht Männlein von jedem Bilder, mit denen es das Leben am Tag des jüngsten Gerichts konfrontiert. Giorgio Agamben rubriziert Benjamins Erinnerung an die Figur unter den »Gehilfen«, die an das Vergessene in der Gegenwart selbst erinnern und dessen Recht einfordern.

Das Vergessene verfügt über eine Kraft, beinahe eine Apostrophe, die weder mit den Maßen des Bewußtseins gemessen noch wie ein Vermögen angesammelt werden kann, aber deren Beharrlichkeit den Rang jedes Wissens und jedes Bewusstseins bestimmt. Was das Verlorene fordert, ist nicht, erinnert oder erfüllt zu werden, sondern als Vergessenes und Verlorenes in uns – und einzig deswegen – unvergesslich zu bleiben. In all dem ist der Gehilfe zu Hause. Er buchstabiert den Text des Unvergeßlichen und übersetzt ihn in die Sprache der Taubstummen. Daher sein beharrliches Gebärdenspiel, daher sein unerschütterliches Mimengesicht.[4]

Hoghes Figur in seinen Stücken ist oft die eines solchen Gehilfen, der die Gesten sammelt. Die Fragmente und anamorphotischen Verzerrung aus der Begehrens- und Lebens-Geschichte von *Schwanensee* sind Gesten, die im Zeigen den Verlust des Zeigens anzeigen. Sie und wir haben das Nachsehen. Was bleibt, ist das Vergessen, das der Gehilfe Hoghe zwischen einer uneinholbaren Vergangenheit – einem Zeit-Raum, der hinter der Bühne liegt – und einer zukünftigen, bis zum jüngsten Tag aufgeschobenen Einlösung und Erlösung (auf die es, wie Agamben bemerkt, eigentlich gar nicht ankommt) in einen Raum der Gesten verwandelt, einen Zeit-Raum, der vor den Zuschauern hinter ihrem Rücken liegt.

Leere Bühnen und Objekte

Swan Lake, 4 Acts findet genau wie *Sacre – The Rite of Spring* und alle anderen Stücke von Raimund Hoghe auf einer fast leeren Bühne statt. Diese Leere betont die architektonische und symbolische Struktur des Theaters. Sie hebt auch die Leere dieser symbolischen Struktur hervor, die vollständig aus historisch kontingenten Verhaltenskodes und -regeln besteht. Wenn wir ins Theater gehen, werden wir diesen Gesetzen unterworfen und unterwerfen uns ihnen freiwillig. Sie sind nicht ontologisch gegeben, aber wir müssen sie akzeptieren und an sie glauben, damit das Theater etwas für uns tun kann. Wir müssen uns als Publikum verhalten, das im Dunkeln sitzt und etwas zuschaut, das uns dort präsentiert wird, über die Spalte hinweg, die den anderen Bereich abgrenzt, den der Bühne. Dort oben müssen sich die Darsteller wie Darsteller verhalten und eine erfundene Wirklichkeit wie eine reale erstehen lassen.

Judith Butler hat wiederholt daran erinnert, dass das Subjekt an eine sprachliche Struktur gebunden ist.[5] Wie jede andere symbolische Struktur auch gibt die symbolische Struktur des Theaters dem Subjekt einen Ort, von dem es sprechen, mithin »ich« sagen kann. Möchte man diese Einsicht einer strukturellen Leerstelle, die den Ort des Subjekts markiert, auf das Theater übertragen, so nimmt die Position der Struktur, die Subjektivität ermöglicht, das leere Theater ein. Dieser Ort wird nicht nur physisch besetzt, sondern auch psychisch und damit imaginär. Der leere Ort wird mit Wunschbildern gefüllt, die jedoch nie mit dem begehrenden Subjekt identisch sein können. Sigmund Freud bestimmt in seinem Aufsatz Triebe und Triebschicksale den Schautrieb als eine Kette von Substitutionen.[6] Zunächst beschaue ich mich selbst, bevor ich ein fremdes Objekt beschaue. Danach gebe ich das Objekt auf, mache mich selbst zum Objekt und lasse mich schließlich von einem anderen beschauen. Das Sehen ist demnach nie neutral oder gar nur eine optisch-technische Angelegenheit. Es ist immer mit einem Begehren, zu sehen und gesehen zu werden, verbunden, das daran

geknüpft ist, dass ich mich dort vorstelle, wo ich nicht bin. Denn das besondere am Schautrieb ist nach Freud, dass der andere sowohl in der aktiven wie in der passiven Variante des Triebs jenen Platz einnimmt, den ich zu Beginn selbst innehatte, dass also Anteile von mir und meiner Libido an jenem anderen kleben bleiben, obwohl ich dort selbst nicht bin. Das Theater ist demnach jener Ort, an dem ich eine Perspektive auf mich erhalten kann, die ich niemals selbst einnehmen kann (sonst müsste man auf der Bühne und im Zuschauerraum körperlich zugleich sein), ohne dass diese Perspektive verschwinden würde. Damit installiert das Theater ein Subjekt, das sich im begehrten Blick fremd wird, sich zugleich aber entlang dessen Bahn entwirft und verortet. Das Theater ist ein Raum, in dem sein Begehren sich artikulieren kann. Indem er die Bühne fast leer lässt, betont Hoghe noch einmal die symbolische Funktion des Theaters. Sein leerer Raum ist der Raum des Begehrens. Hier hat man viel Raum, um die Objekte und Spiegelbilder zu umkreisen, die in der Leere des Raums umso heller zu leuchten scheinen, um unsere Aufmerksamkeit wie Köder auf sich zu ziehen. Die Leere betont die einzelnen Bilder und Objekte. Aber ihre Ausdehnung zeigt auch ihre Gefährdung, ihren zarten und zerbrechlichen Zustand als Bilder der Vorstellungskraft, die sich ständig an der Grenze zum Verschwinden und Verlust befinden. Die Leere ist der Ort der Zuschauer auf der Bühne, gerade dort, wo sie nach allen Regeln des Theaters nie sein können. Unser Begehren, zu sehen, zu beobachten, zu imaginieren, zu erinnern und zu berühren, wird möglich, gerade weil die Bühne leer ist. Wir projizieren uns dorthin, wo wir nicht sind, weil wir in unserer Rolle als Publikum immer unten im Zuschauerraum sitzen. In diesem symbolischen Hohlraum, der das Theater ist, konfron-

tiert uns Hoghe mit dem Ausge-
schlossenen, Nicht-Normierten,
Homosexuellen und fragt nach
seinem Recht auf Repräsentation
und Anerkennung.[7]

In allen Spiegelbildern
Hoghes spielen Objekte eine
zentrale Rolle. In *Sacre – The Rite of
Spring* dient dazu ein Wassergefäß, das zur Abkühlung benutzt
wird. In *Swan Lake, 4 Acts* werden
Eiswürfel ordentlich in Reihen auf die Bühne gelegt. In
anderen Stücken werden Vorhänge, Spielkarten, Kerzen,
Leuchter, Sand und Photographien wiederholt und
nachdrücklich eingesetzt. An sich sind diese Objekte im
Kontext der Stücke völlig bedeutungsfrei. *Swan Lake, 4 Acts*
braucht keine Eiswürfel, die ordentliche Muster bilden.
Und doch gewinnen sie Bedeutung durch die Art und
Weise ihrer Benutzung und im Kontext, in dem sie verwendet werden. Wie in Walter Benjamins Theorie der
Melancholie warten diese Gegenstände darauf, Teil der
Handlung und damit bedeutend zu werden. Bedeutung
wird so hergestellt als eine Form des *Vorzeigens* der Gegenstände im Bezug zu anderen. Diese performative Handlung im Hier und Jetzt der theatralen Situation lenkt die
Aufmerksamkeit auf den Raum oder sogar die Bühne,
auf der diese Konstellationen die Möglichkeit erhalten,
sich zu präsentieren. Im Raum existieren sie nur als bedeutungsvolle Aktionen oder Konstellationen, weil sie
von einem Betrachter wahrgenommen werden, der aktiv
ihre Bedeutung *produziert*.[8]

Die Objekte verbinden Erinnerung und Begehren.
Begehren ist Erinnerung. Erinnerung ist Begehren. Begehren existiert allein, weil wir das begehren, was wir
verloren haben oder niemals kennen oder besitzen werden. Hoghe gebraucht diese Objekte immer und immer
wieder als Supplemente, um dem Begehren ein positives
Antlitz zu geben. In *Sacre – The Rite of Spring* steht in der
rechten hinteren Ecke eine grüne Pflanze, in der linken

Ecke eine Wasserschale, die
später nach vorn geholt wird,
damit Hoghe und sein Partner
Lorenzo De Brabandere Hände
und Gesicht hineintauchen
können. Hoghe rahmt das
Stück mit Strawinskys Stimme,
die sich zu Beginn und zum
Schluss an die Entstehungszeit
der Partitur erinnert. Ansonsten
folgt er ganz Leonard Bernsteins
Aufnahme der Musik, womit er zum ersten Mal in seinem
Schaffen von seiner Lieddramaturgie abweicht, was die
Gesamtheit der Choreographie in ihrer Entwicklung
stärker betont. Bernstein soll jungen Orchtestermusikern bei der Einstudierung von Strawinskys *Le sacre du
printemps* den Gehalt der Musik unter anderem mit dem
knappen Satz »It's all about sex« erklärt haben. Dem folgend entwickelt Hoghe zusammen mit De Brabandere
eine Choreographie der Annäherung und der Abstoßung,
die in dramatischen Höhepunkten ganz der Dynamik der
Musik folgt. Mit wild auffahrenden kreisenden Armen,
die immer wieder auf seine Oberschenkel schlagen,
steht Hoghe auf der Mittelachse der Bühne, während De
Brabandere im Kreis über die Bühne rast und zwischen
den Runden vor Hoghe zum Sprung ansetzt. Sein *Sacre*
vibriert und pulsiert, es ist ein in mehrfacher Hinsicht
Begehren des Jungen. So entsteht eine selten gesehene
Zärtlichkeit zwischen zwei Männern, die nie anstößig
oder peinlich wird. Hoghe missachtet die Regeln des
symbolischen Ortes »Theater« nicht, sondern öffnet
ihn für sein Begehren, das dort selten einen Ort findet.

---

8 Eine ausführlichere Diskussion von Benjamins Theorie in Bezug auf
   Gegenstände oder Performance findet sich in meinem Aufsatz
   Emblems of Absence: La Ribot's Piezas distinguidas, in: *La Ribot*, Paris
   (Merz & Centre national de la danse) 2004, S. 79–86.

Lorenzo De Brabandere und Raimund Hoghe in
Sacre – The Rite of Spring

»According to the Music«

Raimund Hoghe in 36, Avenue Georges Mandel

ANNA WIECZOREK

»According to the Music«

Hoghes ›innere Tableaus‹ am Beispiel von **36, Avenue Georges Mandel**

Ein Mann, eingewickelt in eine Decke, erhebt sich langsam vom Bühnenboden und bleibt mit dem Rücken zum Publikum stehen. Behutsam dreht er sich um. Er breitet beide Arme abwechselnd, langsam aus. Diese Geste, die aussieht, als wolle er versuchen, die Leere, die ihn umgibt, zu umarmen, wiederholt er einige Male. Dann schreitet er voran, vorbei an verschiedenen Gegenständen, die auf dem Bühnenboden platziert sind. Langsam erschließt sich der Raum in dem prozessualen Vergehen der Zeit. Über die primäre Wahrnehmung der Räumlichkeiten schiebt sich eine zeitliche Ebene, ein neuer Zeitraum, der dem Zuschauer hilft, sich immer tiefer in vielfältige Bilderwelten einzufinden. Denn neben dieser besonderen Zeitlichkeit sind es vor allem die Bilder, die beeindrucken. Bilder, die mehr Bild sind als Theater und dann doch wieder Tanz.

Die kurze Beschreibung einer Sequenz aus Raimund Hoghes Choreographie 36, *Avenue Georges Mandel* verdeutlicht, wie Hoghe Zeit thematisiert und diese gleichzeitig am eigenen Körper erfahrbar macht. Die lange Dauer seiner Stücke füllt die ephemeren Erinnerungsräume, die sich in seinen (oftmals) leeren Bühnenräumen sammeln, unterfüttert das thematische Aufrufen der Vergangenheit auch formal und holt sie über den Körper in das präsentische ›Hier und Jetzt‹ der Aufführung. Seine Bilder bleiben im Gedächtnis der Zuschauer haften, sind dabei aber keine wirklichen ›Tableaus‹, im Sinne eines stillgestellten Bildzitats.

Im Gegensatz zum historischen ›Tableau vivant‹, welches als körperliche Vermittlungsinstanz bekannte Gemälde auf die Bühne transportiert, konstituiert sich das ›innere Tableau‹ schon in dem Moment, bevor sich ein Tableau explizit herstellt. Dabei folgt es einer offeneren Zitatstruktur als der eines einfachen Bildzitats. In Anlehnung an den Bildbegriff von Mitchell speist sich das ›innere Tableau‹ aus immateriellen ›images‹, die als Erinnerungsbilder im kollektiven Gedächtnis der Zuschauer vorhanden sind.[1] Als mediales Bindeglied fungiert dabei der Tänzerkörper, der, Hans Belting folgend, selbst zu einem »Ort der Bilder«[2] avanciert. Damit verlagert sich das ›innere Tableau‹ vollends in die Imagination der Zuschauer, wo auch das ›herkömmliche‹ Tableau ansetzt, wenn es als ein flüchtiges Konstrukt nur im Wechselspiel mit dem Zuschauer gänzlich hergestellt werden kann. Dort, wo die Gedächtnisleistung eines jedes einzelnen Zuschauers beginnt, wo das ›Tableau‹ im Körper des Darstellers ›gefangen‹ bleibt, ohne wirklich nach außen zu treten, manifestiert sich das ›innere Tableau‹. Durch die formale Annäherung an den Stillstand eines ›wirklichen‹ Tableaus und durch das ›Ver-Bildlichen‹ kollektiver Erinnerungsbilder, die (ähnlich dem Referenzsystem von Tableaus) eine Kette von Assoziationen auslösen, sowie durch den Einsatz des Körpers für den Transport der Zitate eröffnet sich das ›innere Tableau‹ als ein changierendes Konstrukt zwischen Tableau und Attitüde, zwischen ›image‹ und ›picture‹ und zwischen

›tableau-vivant-Effekt‹ (Bettina Brandl-Risi)[3] und ›Tableau vivant‹.

Man könnte also eher von einem fluiden, sich transformierenden Bild-Konstrukt sprechen, das bei Hoghe die besondere Wirkung ausmacht. Denn obwohl er die Zeitdehnung bis zum Stillstand ausreizt, bleibt doch immer eine unterschwellige Dynamik spürbar, die sich über die Tänzerkörper vermittelt. Die konzentrierte und verinnerlichte Bewegungsausführung der Tänzer unterstützt diese Wahrnehmung. Der Körper bildet dabei den Mittelpunkt. Ob sein eigener oder der seiner Tänzer, der Körper bleibt das Bindeglied der sich manifestierenden Bilder. Durch sie fließen die Bildwelten, die Hoghe mal narrativ, mal auditiv, im assoziativen Raum zwischen Bühne und Publikum evoziert.

36, *Avenue Georges Mandel* wurde im Rahmen des »Springwave Festival 2007« in Südkorea uraufgeführt. In der Titelformulierung steht die Adresse für eine Person, erinnert ein Raum an einen Menschen. Die zitierte Adresse gibt den letzten Wohnort der berühmten Opernsängerin Maria Callas an, die hier in einem Pariser Appartement im 16. Arrondissement am 16. September 1977 verstarb. Raimund Hoghe kreierte

die anderthalbstündige Vorstellung als Hommage an die von ihm sehr geschätzte Sängerin. Das zeigt sich zunächst in der gewählten Musik zu der Choreographie: alle Musikstücke, die Hoghe verwendet, sind Arien, die Callas gesungen hat.

Verdichtete Tableaus: Kostüm, Gesang und Geste

Entlang der ausgewählten Arien entfaltet sich die dramaturgische Struktur der Choreographie. Jede Arie, die 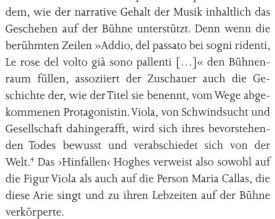 erklingt, eröffnet einen neuen Bedeutungsabschnitt, und oft korreliert dieser Abschnitt auch mit einer charakteristischen Bewegung. Wenn beispielsweise die Arie »Addio del passato« aus der vierten Szene des dritten Aktes aus *La traviata* ertönt, fällt Hoghe wiederholte Male zu Boden, um gleich darauf wieder aufzustehen. Diese Sequenz exemplifiziert außerdem, wie der narrative Gehalt der Musik inhaltlich das Geschehen auf der Bühne unterstützt. Denn wenn die berühmten Zeilen »Addio, del passato bei sogni ridenti, Le rose del volto già sono pallenti […]« den Bühnenraum füllen, assoziiert der Zuschauer auch die Geschichte der, wie der Titel sie benennt, vom Wege abgekommenen Protagonistin. Viola, von Schwindsucht und Gesellschaft dahingerafft, wird sich ihres bevorstehenden Todes bewusst und verabschiedet sich von der Welt.[4] Das ›Hinfallen‹ Hoghes verweist also sowohl auf die Figur Viola als auch auf die Person Maria Callas, die diese Arie singt und zu ihren Lebzeiten auf der Bühne verkörperte.

Die hier praktizierte Verschränkung der verschiedenen fiktiven und biographischen Ebenen wird auch an anderen Stellen in der Choreographie vorgeführt: Im zweiten Drittel der Inszenierung verwendet Hoghe die

1 Vgl. W. J. T. Mitchell: *What do pictures want? The lives and loves of images*, Chicago (Univ. of Chicago Press) 2007. Den hier verwendeten Tableau-Begriff ›inneres Tableau‹ habe ich in meiner Diplomarbeit *Raimund Hoghe. Zwischen Zeit und Zeichen* (Bayerische Theaterakademie August Everding, München, 2011) ausgearbeitet.

2 Vgl. Hans Belting: *Bild-Anthropologie*, München (Fink) 2006 sowie Hans Belting / Dietmar Kamper / Martin Schulz (Hrsg.): *Quel Corps? Eine Frage der Repräsentation*, München (Fink) 2002.

3 Vgl. Bettina Brandl-Risi: *Tableau vivant. Die Wirklichkeit des Bildes in der Aufführung*, in: Ludger Schwarte (Hrsg.): *Bild-Performanz. Die Kraft des Visuellen*, München (Fink) 2011, S. 217–235.

Schluss-Arie »J'ai perdu mon Eurydice«[5] aus Glucks Oper *Orpheus und Eurydike*. Während die populären Klänge die Bühne erfüllen, verdeckt Hoghe seine Augen mit einem Stück schwarzen Stoffs und läuft blind, als würde er mehr der Struktur der Musik als der des tatsächlichen Raumes folgen, verschiedene Raumwege ab. Damit spielt er auf den bekannten Mythos der tragischen Liebesgeschichte an, in der Orpheus' Versuch, Eurydike aus dem Totenreich zu retten, scheitert, weil er das auferlegte Gebot nicht einhält, der Geliebten auf dem Weg aus der Unterwelt den Rücken zuzukehren. Orpheus bleibt nicht ›blind‹ und verliert deswegen seine große Liebe Eurydike.[6] Der Rekurs

auf Orpheus verschränkt sich in dieser Sequenz mit dem auf Maria Callas als Persönlichkeit. Nicht nur über die Stimme der Operndiva und über das Kostüm Hoghes, der mit schwarzen Pumps und knielangem Mantel seine Annäherung an die Callas figuriert und reflektiert; auch über gestische Verweise vermittelt sich die Person Callas über den Körper von Hoghe. Wenn er an der hinteren Wand steht, den Stoff über den Augen, führt er die Hand zum Mund und dann in einem Bogen nach außen. Diese Geste erinnert an das Küsse-Werfen, das man mit dem öffentlichen Auftreten berühmter Persönlichkeiten assoziiert. Hoghe führt die Bewegungen in gewohnter Langsamkeit aus und ermöglicht dem Zuschauer, Kostüm, Gesang und Geste als verdichtetes Tableau wahrzunehmen. Unterstützt wird der Verweis auf Callas zusätzlich durch eine Toneinspielung der Diva. Die verschiedenen Interviewausschnitte, die immer wieder zwischen den einzelnen Arien zu hören sind, strukturieren, ähnlich wie die Musikstücke, das Stück, geben — mal auf Englisch, mal auf Französisch — Einblicke in Callas' Leben als Star und unterstützen so die biographischen Anspielungen auf die Sängerin. Oft fungieren sie als Verbindungsstellen zwischen den Arien, die Hoghe nutzt, um sich umzuziehen. Und sie bieten Aussagen über das Verhältnis von Musik und Bewegung. An der erwähnten Stelle — nach der Arie aus *Orpheus und Eurydike* — beleuchtet die O-Ton-Einspielung die ›Schattenseiten‹ des Lebens als berühmte Persönlichkeit. Man hört Callas, die, umgeben von mehreren Journalisten, mit vielen Fragen genötigt wird, Auskunft über ihre zukünftigen Pläne zu geben, dies aber verweigert. Das Bild, das Hoghe dazu liefert, indem er mit verbundenen Augen ›Hand-Küsse‹ verteilt, bebildert und kommentiert die auditive Ebene der Interview-Einspielung.

---

4 »Lebt wohl, schöne heitere Träume der Vergangenheit, / das rosige Antlitz ist schon bleich geworden; / Alfredos Liebe, sie fehlt mir / als Trost und Stütze der müden Seele … / Ach, erhöre den Wunsch der vom rechten Weg Abgekommenen; / ach, verzeih ihr; nimm sie auf, o Gott, nun ist alles zu Ende. / Die Freuden, die Schmerzen werden bald ein Ende haben, / das Grab ist für die Sterblichen das Ende von allem! / Meine Grabstätte wird weder Tränen noch Blumen kennen, / kein Kreuz mit dem Namen, das die Gebeine deckt! / Ach, erhöre den Wunsch der vom rechten Wege Abgekommenen; / ach, verzeih ihr; nimm sie auf, o Gott. / Nun ist alles zu Ende!« – Giuseppe Verdi: *La Traviata. Oper in drei Akten.* Übers. und hrsg. von Henning Mehnert, Stuttgart (Reclam) 1995, S. 88.

5 »Ach, ich habe sie verloren, / All mein Glück ist nun dahin. / Wär', o wär ich nie geboren, / Weh, dass ich auf Erden bin! / Eurydike! Eurydike! O Götter! Gebt Antwort! / […] Ach, nicht der Himmel, nicht die Erde beut mir Hoffnung, / beut mir Trost. / Ach, ich habe sie verloren, / All mein Glück ist nun dahin. / Wär', o wär ich nie geboren, / Weh, dass ich auf Erden bin!« – Christoph Willibald Gluck: *Orpheus und Eurydike.* Hrsg. von Wilhelm Zentner, Stuttgart (Reclam) 1949, S. 24.

6 Bei Glucks Oper hat die Geschichte ein Happy End: Amor hindert Orpheus daran, aus Verzweiflung Suizid zu begehen, und belebt Eurydike wieder, damit beide zusammen glücklich werden können.

7 Die folgende Auflistung wurde anhand einer Filmaufzeichnung der Aufführung am 16. Juli 2007 beim »Festival d'Avignon« erstellt.

Bezogen auf die auditive Ebene könnte man von musikalischen Tableaus sprechen, die in 36, *Avenue Georges Mandel* auf Hoghes leerer Bühne den Raum füllen und sowohl inhaltlich als auch dramaturgisch funktionalisiert werden. Insgesamt bilden 16 Kompositionen das musikalische Gerüst des Werks. Unterbrochen von fünf O-Ton-Einspielungen füllen sie die gesamte Dauer der Vorstellung.[7]

Stück	Position	Arie	Werk	Komponist
1.	0:00:00–0:06:43	*Casta diva*	*Norma*	Vincenzo Bellini
2.	0:06:48–0:11.32	*Ebben? Ne andrò lontana*	*La Wally*	Alfredo Catalani
	0:11:34–0:11:53	O-Ton-Einspielung		
3.	0:11:57–0:17:44	Akt I, Szene 2: *Gualtier Maldè! ... Caro Nome*	*Rigoletto*	Giuseppe Verdi
	0:17:47–0:18:12	O-Ton-Einspielung		
4.	0:18:15–0:23:21	*Printemps qui commence*	*Samson et Dalila*	Camille Saint-Saëns
5.	0:23:26–0:26:39	Akt III, Szene 4: *Addio del passato (mit Applaus)*	*La Traviata*	Giuseppe Verdi
6.	0:26:45–0:32:39	*Pleurez mes yeux*	*Le cid*	Jules Massenet
	0:32:45–0:35:46	O-Ton-Einspielung		
7.	0:35:48–0:37:59	*Je ne suis que faiblesse*	*Manon*	Jules Massenet
8.	0:38:03–0:42:20	*L'amour est un oiseau rebelle*	*Carmen*	Georges Bizet
	0:42:22–0:43:39	O-Ton-Einspielung		
9.	0:43:42–0:46:55	Akt 4: *Suicidio!*	*La Gioconda*	Amilcare Ponchielli
	0:46:59–0:48:43	Ton-Einspielung		
10.	0:48:58–0:53:13	*J'ai perdu mon eurydice*	*Orphée Et Eurydice*	Christoph W. Gluck
	0:53:18–0:54:46	O-Ton-Einspielung		
11.	0:55:22–0:59:26	*La mamma morta*	*Andrea Chénier*	Umberto Giordano
	0:59:27–0:59:48	Kurze Einspielung Ansage und Vorgesang der Arie		
12.	0:59:48–1:04:20	*L'amour est un oiseau rebelle (mit Applaus)*	*Carmen*	Georges Bizet
13.	1:04:23–1:07:29	*Poveri fiori*	*Adriana Lecouvreur*	Francesco Cilea
	1:07:34–1:08:22	O-Ton-Einspielung		
14.	1:08:24–1:14:44	*Regnava nel silenzio ... Quando rapito in estasi*	*Lucia di Lammermoor*	Gaetano Donizetti
15.	1:14:46–1:15:16	O-Ton-Einspielung		
16.	1:15:20–1:20:10	*O terra, addio (Duett mit Giuseppe di Stefano)*	*Aida*	Giuseppe Verdi
17.	1:20:11–1:23:03	Akt II: *Entr'acte (instrumental)*	*Carmen*	Georges Bizet
18.	1:23:06–1:28:10	*Ave Maria*	*Otello*	Giuseppe Verdi

Es sind nicht ausschließlich Arien, die Hoghe gewählt hat, aber immer bekannte Interpretationen der Operndiva, entnommen populären Werken des Opernkanons: Verdis *La Traviata, Rigoletto, Otello* und *Aida*, Bizets *Carmen*, Glucks *Orpheus und Eurydike, Norma* von Bellini und einige weitere. Obwohl eine solche Musikauswahl den Anschein erwecken könnte, es wäre ein Best-of der Callas, das Hoghe hier aufnimmt, zeigt das Protokoll der auditiven Ebene, dass der Auswahl thematische Gründe zugrunde liegen. Aus dem populären Kanon fehlt etwa Puccini, den Callas für zu leicht befand. Die Auswahl spannt auch einen zeitlichen Bogen von ihren ersten bis zu ihren letzten Aufnahmen (etwa der *Carmen*-Konzerteinspielung). Hoghes Choreographie nun folgt sowohl strukturell als auch narrativ der Musik und spiegelt mit dem Primat der Musik autopoietisch ein Credo der Callas selbst, die über ihre schauspielerische Herangehensweise sagte:

> Serafin once told me a marvelous thing. He said, ›You want to find out how the Opera should be acted? You only have to listen to the music and you'll find everything there for you.‹ I seized on that immediately. I felt I knew exactly what he meant, and that it perhaps my biggest secret! I act according to the music – to a pause, to a chord, to a cressendo.[8]

»According to the Music« – Callas Selbstaussage lässt sich ebenso gut auf Hoghes dramaturgischen Umgang mit den verschiedenen Musikstücken anwenden. Hoghe folgt der Musik, und gleichzeitig folgt die Musik ihm – denn sein Körper bleibt die Schnittstelle der aufgerufenen Erinnerungen, deren abwesende Präsenz er auf die Bühne holt.

Spiel mit An- und Abwesenheit

Hoghes Körper selbst wird zu einem ›Gefäß‹, durch das die weibliche Persönlichkeit der Operndiva Callas fließt.

Dementsprechend ist die Körpersprache, die Hoghe entwickelt, geprägt von weiblich konnotierten Gesten und Haltungen. Während im zweiten Drittel der Choreographie die bekannten Klänge der *Carmen*-Arie ertönen, bewegt sich Hoghe durch den Raum. Die Zäsuren dieses Bewegungsflusses bilden verschiedene Posen, die er dabei wiederholt einnimmt. Mal mit verschränkten, mal mit in die Hüfte gestützten Armen präsentiert er sich dem Publikum in einer überlegenen Haltung, die an die Arroganz einer stolzierenden und posierenden Diva erinnert. Ein abfälliges Abwinken, das seine ›Modenschau‹ begleitet, scheint das große Thema der Liebe, das besungen wird, abwerten zu wollen. Ein anderes Beispiel für die weibliche Konnotation seiner Körperlichkeit ist die ›Wink-Pose‹, die Hoghe nach und während der Toneinspielung im Anschluss an die Gluck-Arie einnimmt. Hier verstärkt sich die Verschränkung beider Geschlechter auch auf der auditiven Ebene, denn die Arie, die in der Interpretation von Maria Callas eingespielt wird, ist in der Oper dem männlichen Protagonisten Orpheus zugeschrieben.[9]

Das Spiel mit Abwesenheit und Anwesenheit auf Hoghes Bühne kann als Weiterführung der bildlichen Repräsentation gesehen werden. Die abwesende Person Maria Callas, die bei Hoghe über die auditive oder visuell-körperliche Ebene den Bühnenraum füllt, wird mit und über den Körper des Tänzers ›verlebendigt‹. Anhand der Erinnerungen an eine verstorbene Person ruft Hoghe ›Leerstellen‹ auf, deren Präsenz er in seinem Bühnenraum (wieder)herstellt. Er verschränkt Abwesenheit und mediale Anwesenheit in der Einheit (s)eines Körpers, so, wie ein Maler die abwesende Wirklichkeit in den konservierten Zustand seines Kunstwerkes zu überführen sucht, um sie damit ›anwesend‹ zu halten. Bezüge zur Kunst sind hier auch insofern gegeben, als Luca Giacomo Schulte am Anfang mit Wasser malt und die Decke die Arbeit von Beuys evoziert. Es ergibt sich ein vielschichtiges ›Tableau‹, dem – da der Körper zum Medium dieses Bildes avanciert – immer schon ein immanenter (körperlicher) Kommentar eingeschrieben ist, wie sich vor allem im Bezug auf die Genderthematik zeigt.

Dies verdeutlicht auf anderer Ebene auch das Duett mit Emmanuel Eggermont am Ende der Vorstellung. Beim Aufritt Eggermonts als zweitem Tänzer liegt Hoghe selbst ›vergraben‹ unter mehreren gefalteten Pappkartons, sodass nur die Pumps, die er zu dem Zeitpunkt immer noch trägt, herausschauen. Eggermont, in der Hand eine dunkelrote Rose aus Stoff, läuft langsam an der Außenlinie des Raumes entlang, um schließlich in der hinteren linken Ecke

mit dem Rücken zur Wand stehenzubleiben. Er hebt allmählich seine rechte Hand und streicht sich sanft über das Gesicht. Die Bewegung erinnert an eine ähnliche Abfolge Hoghes, der, während er sich in einer analogen räumlichen Position befand, die Hände nach oben führte, jedoch in der Bewegung verharrte, bevor er seine eigene Wange erreichen konnte. Eggermont führt die gleiche Bewegung noch an drei verschiedenen Positionen im Raum aus, bevor er sich dem unter den Kartons liegenden Hoghe nähert. Während er auf ihn zugeht, heben sich seine Arme in einer gleichmäßigen Bewegung seitlich vom Körper. Eggermont hebt mit großer Ruhe die Kartons von Hoghes Körper, dann stellt er sich rechts neben den mit dem Rücken zum Publikum liegenden Hoghe und verharrt in dieser Position. Es erfolgt eine erneute O-Ton-Einspielung von Maria Callas, die darüber sinniert, ob die großen Themen, die

auf der Opernbühne verhandelt werden, auch im wirklichen Leben so stattfinden können. »Je ne crois pas qu'il existe dans la vraie vie«, schließt sie ihre Überlegungen ab. Das Musikstück, das auf diese Ton-Einspielung folgt, ist das einzige Duett der gesamten Musikauswahl. Es stammt aus dem Finale von Verdis Oper *Aida* und ist der gemeinsame Abschiedsgesang der unglücklich verliebten Titelfiguren Aida und Radames.[10]

Kleine Dinge mit großer Persönlichkeit

Neben der musikalischen Kontextualisierung gelingt Hoghe das Aufrufen der Persönlichkeit Callas vor allem durch das Zusammenspiel mit Gegenständen, kleinen Dingen, die durch ihn animiert werden. Schon wenn das Stück beginnt, fällt auf, dass den Requisiten eine große Bedeutung zukommt.[11]

8 Robert Levine: *Maria Callas. A musical biography*, New York (Black Dog & Leventhal Publishers) 2003, S. 110.
9 Der Part des Orpheus, der von Gluck für einen Kastraten vorgesehen war, wird heute von einer Altistin oder von einem männlichen Alt (Countertenor) gesungen.
10 »O Erde, leb wohl; leb wohl, du Tal der Tränen ... / Freudentraum, der in Schmerz verging ... / Für uns öffnet sich der Himmel, und die irrenden Seelen / fliegen zum Strahl des ewigen Tags.« – Giuseppe Verdi: *Aida. Oper in vier Akten*. Übers. und hrsg. von Henning Mehnert, Stuttgart (Reclam) 1994.
11 Im Vorspann der DVD-Aufnahme erscheinen durch einfache Schnitte getrennte Nahaufnahmen der einzelnen Gegenstände, die in der Inszenierung bespielt werden: die blaue Wasserschale, die schwarzen Damenschuhe (zeitgleich wird der Titel eingeblendet), die mit Fächern verzierte Puderdose, das Buch *Maria Callas. A musical Biography* von Robert Levine und der zusammengefaltete Fächer (zeitgleich die Einblendung »conception, chorégrafie et danse: Raimund Hoghe«). Dazu wird das erste Callas-Musikstück eingespielt und läuft weiter, wenn die Kamera ihren Fokus auf das Bühnengeschehen lenkt. Schon der Vorspann greift also die Bedeutung der Gegenstände in dieser Inszenierung vorweg auf.

Verschiedene Kleidungsstücke liegen säuberlich gefaltet auf dem Boden, gemeinsam mit den Objekten, die im Laufe der Inszenierung ›belebt‹ werden. Hoghe selbst liegt, eingewickelt in eine grobe, beigefarbene Decke am hinteren rechten Bühnenrand auf dem Boden. Die Decke fügt sich farblich in das gesamte Ambiente des Raumes ein, in der die Performance stattfindet, sodass man zu Anfang kaum wahrnimmt, dass zwischen all den Dingen ein Mensch ›versteckt‹ ist. Während der ersten sechseinhalb Minuten (so lange dauert die erste eingespielte Arie: »Casta diva« aus Norma von Bellini) tritt Hoghes künstlerischer Mitarbeiter Luca Giacomo Schulte auf die Bühne. Langsam bewegt er sich durch den Raum, kniet neben den verschiedenen Requisiten und Kostümteilen nieder und umrandet die Konturen der Gegenstände mit einem Wasserpinsel. Die Spuren, die diese Aktion hinterlässt, werden im Laufe der Inszenierung wieder verschwinden, ebenso wie alle anderen Erinnerungsräume, die Hoghe mit seiner Vorstellung schaffen wird.

Auch die gemeinsame Aktion mit Eggermont gegen Ende des Stücks zielt auf dieses Verschwinden ab: Eggermont holt den kleinen Wasserbehälter, mit dem Luca Giacomo Schulte die verschiedenen Gegenstände umrandet hatte, und malt mit dem Pinsel Wasserzeichen auf Hoghes schwarzen Mantel. Diese Rückführung zum Anfang des Stückes wird fortgesetzt, wenn Hoghe und Eggermont die Bühne gemeinsam so herrichten, dass die Ausgangssituation wiederhergestellt ist. Eggermont faltet die Kleidungsstücke, die Hoghe im Laufe der Performance getragen hatte, wieder zusammen, während Hoghe selbst sich umzieht, statt in warmen Tönen nun in Schwarz-Weiß-Schattierungen gekleidet. Zu den letzten Klängen des Duetts verlässt Eggermont, auf dem gleichen Weg, auf dem er gekommen ist, die Bühne, um am rechten Bühnenrand abwartend stehen zu bleiben.

Doch zurück zum Beginn: Luca Giacomo Schulte lässt bei seiner sorgfältig ausgeführten ›Umrandungs-Aktion‹ auch Hoghe selbst nicht aus, der immer noch regungslos am hinteren Bühnenrand unter der Decke verborgen ist. Dadurch wird Hoghe eine Position inmitten der Gegenstände zugeordnet, wird er selbst ›verdinglicht‹ unter den Dingen. Seine ›Belebung‹ ist der der Objekte vorausgehend und vorausgesetzt. Doch zunächst präsentiert sich das Arrangement aus (noch) kryptischen Requisiten dem Zuschauer wie ein Still-Leben. Die vorangegangene ›Konturen-Performance‹ hat die Situation mit Bedeutung aufgeladen, ebenso wie die Musik, die den Abend einleitet. Hoghe integriert sich zunächst in die Gedenkstätte für Maria Callas, um im nächsten Schritt aus dieser herauszutreten und mithilfe seines Körpers und der verschiedenen Dinge im Laufe der Performance einen lebendigen Altar für die Operndiva zu erschaffen. Die Gegenstände nehmen als Memorialobjekte in diesem Zusammenhang eine zentrale Stellung

---

12 Toneinspielung: »What am I? Is she only a machine for singing? No! She is a human beeing. I need help, too. Life, they say, is terrible, of course is life terrible, if we made it that way. Life is hard, of course, it is hard. I like to, you know, sort of layback and enjoy my celebrity and … money. […]« [DVD 0:17:47-0:18:119].

13 Hartmut Böhme: *Fetischismus und Kultur. Eine andere Theorie der Moderne*, Reinbek bei Hamburg (Rowohlt) 2006, S. 109.

14 Böhme 2006, S. 109.

15 Vgl. Böhme 2006, S. 110, 122.

16 Böhme 2006, S. 135.

17 Gerald Siegmund: *Abwesenheit. Eine performative Ästhetik des Tanzes. William Forsythe, Jerome Bel, Xavier Le Roy, Meg Stuart*, Bielefeld (transcript) 2006, S. 467.

ein. Obwohl die Dinge, die Hoghe bespielt, keine tatsächlichen Gebrauchsgegenstände der Operndiva waren, wirken diese trotzdem so, als hinge an ihnen die Erinnerung an die Verstorbene. Denn Hoghe erhebt sie in den Status eines ›auratischen‹ Gegenstands, sodass man sie als Memorialobjekte wahrnimmt. Ein Beispiel soll dies verdeutlichen:

Nachdem Hoghe zu Beginn die verschiedenen Gegenstände einzeln abgeschritten ist, bleibt er schließlich am hinteren rechten Bühnenrand stehen. Zu seinen Füßen steht ein kleines Lackkästchen. Während des Gehens ertönte im Hintergrund die Arie »Caro Nome« aus *Rigoletto*. Nun da er am ersten ›Gedächtnis-Ort‹, dem Kästchen, angekommen ist, wird ein Interviewausschnitt von Maria Callas eingespielt.[12] Während dieser O-Ton-Einspielung legt Hoghe Decke und Schuhe, die er zuvor getragen hatte, ab und verbleibt dann regungslos, Blick und Körper zum Publikum gerichtet, vor dem Spiegelkästchen zu seinen Füßen.

Wenn die nächste Arie von Callas beginnt (»Printemps qui commence« aus *Samson et Dalila*), beugt sich Hoghe langsam nach vorne und hebt das Kästchen behutsam auf. Er öffnet es, sodass die Reflexion eines Spiegels auf sein Gesicht fällt und das Publikum die kleinen aufgemalten Fächer auf der Oberseite des Kästchens erkennen kann. Nun nimmt Hoghe eines der dünnen japanischen Papiertücher heraus, die sich darin befinden, und berührt damit sein Gesicht. Im Anschluss lässt er auf seinem Weg das benutzte Tuch hinter sich fallen. Während er wieder verschiedene geometrische Wege abschreitet, betrachtet er sich im Spiegel und betupft sein Gesicht mit Tüchern, die er nacheinander dem Spiegelkästchen entnimmt. Die gebrauchten Tücher wirft er mit einer kleinen Geste hinter sich. So hinterlässt er eine Spur, die Papiertücher ›erobern‹ den Raum, breiten sich aus und halten die Erinnerung an die vorangegangene ›Belebung‹ des Gegenstands wach.

Hoghe behandelt die Gegenstände mit viel Behutsamkeit, auch das lädt sie mit Bedeutung und assoziierten Erinnerungen auf. Seine ›Tuch-Performance‹ macht das Kästchen zu etwas Wertvollem und erschafft den Eindruck, Callas selbst sei die Eigentümerin des kleinen Objekts gewesen. Hoghe leiht Maria Callas seinen Körper, um mithilfe der Gegenstände die Erinnerung an sie wachzurufen. Dabei behandelt er die Dinge so, als seien sie »Archive des Gedächtnisses«[13], belebt sie in dem Sinn, wie es der Kulturwissenschaftler Hartmut Böhme für Memorialobjekte definiert:

[Es] zeigt sich, dass Dinge nicht jenseits der Geschichte stehende tote Materie sind, sondern Aktanten des Historischen selbst. Ohne diese Quellen der Dinge, ihre semantische Metamorphosen und Wachstümer, durch die sie geradezu Hybriden ihrer selbst werden können, wäre der historische Sinn der Menschen verloren, ein flüchtiger Hauch.[14]

Hoghe macht sie, um es mit Christoph Asendorf zu benennen, zu kleinen »Batterien der Lebenskraft«, zu Dingen, die nicht nur Spuren unseres Gebrauchs tragen, sondern als »Charaktermaske« unsere Wünsche, Gefühle und Gelüste spiegeln.[15] Damit stellt Hoghe das wieder her, was Böhme in unserer von Konsumgütern gekennzeichneten Welt als verlorengegangen bezeichnet, nämlich »jenes Verwachsensein, das noch die Großeltern mit dem überschaubaren Arsenal ihrer Dinge zusammenschloss, aus dem nur ein kleines Rinnsal des Verbrauchs abfloss«.[16] Die Dinge selbst bleiben während Hoghes Vorstellung »[…] [s]tumm und unbeweglich«, als warteten sie »darauf, dass mit ihnen eine Handlung vollzogen wird«.[17] Denn letztendlich bleibt

Hoghe der ›Katalysator‹, den es braucht, um die Dinge zu ›beleben‹.

Spurwege

Die Raumstruktur der Choreographie bildet das verbindende Glied zwischen Raum, Körper und Objekten. Wie schon erwähnt, liegen die verschiedenen Gegenstände, die Hoghe im Folgenden bespielt, in einer besonderen Anordnung auf dem Bühnenboden. Sie bilden die Struktur des Raums, die Hoghe mit seinem Körper nachzeichnet. Denn alle seine Aktionen laufen in den Mustern der verschiedenen Raumwege ab. Fast so, als wolle er die Spuren seiner Wege durch den Raum sichtbar halten, schreitet er immer wieder, wie einer imaginären Linie folgend, die Abschnitte zwischen den Gegenständen ab. Diese bilden die Fixpunkte seines gleichmäßigen Gangs und werden so in das Netz seiner Raumwege eingebunden, wie Knotenpunkte, an denen sich die imaginären Fäden, die Hoghe durch den Raum zieht, sammeln.

Dicht im Zusammenhang mit der räumlichen Komposition steht bei Hoghe auch die besondere Zeitlichkeit, die er in seinem Bühnenraum erfahrbar macht. Sein Umgang mit Zeit als ein ›gegenwartsgenerierender‹, macht die Zeit auf der Bühne erfahrbar und sichtbar. Sowohl die enorme Verlangsamung als auch sein ›e-normer‹ Körper transportieren die »Gegenwart ins Theater«[18] und etablieren einen zweiten Zeitraum, der sich vor die erlebte Zeit des Zuschauers schiebt. Durch seinen besonderen Umgang mit der Struktur des Raumes unterstützt Hoghe diese Wahrnehmung und fördert mit der Betonung der räumlichen Strukturen das ›erlebte‹ Erleben der dargestellten Zeit.

Hoghes Choreographien erschaffen Bilder, die sich in stetiger Bewegung befinden. Tableaus, die nicht veräußerlicht werden, sondern im ›Innern‹ der Tänzerkörper gefangen bleiben und durch den Körper, der selbst zu einem Medium avanciert, hindurchschimmern. Im Gegensatz zum historischen Tableau vivant oder der Körperkunst der Attitüden, die sich an eine klare Bildvorlage halten, verfolgen Hoghes Tableaus offenere, indirektere Zitatstrukturen. Sein Einsatz kollektiver Zeitgeschichte, die im Gedächtnis der Zuschauer vorhanden ist, weil er entweder aus ›kanonischem‹ Wissen über Tanz oder aus den kollektiv erlebten Ereignissen der Zeitgeschichte schöpft, funktioniert ähnlich den Referenzstrukturen eines Vor-Bildes. Hoghe zitiert aber kein tatsächliches ›Bild‹, sondern die (bildgewordenen) Posen einer Choreographie oder die ikonographischen Haltungen der Person, an die er erinnert. Dabei dehnt sich der – das Tableau konstituierende – Moment des Stillstands in seinen Choreographien aus, hin zu einer extensiven Langsamkeit.

Die Bilder, die aufgerufen werden, befinden sich in stetiger Transformation und werden schon im Moment des Aufrufens wieder verworfen, ohne dabei als Referenzsystem ausgestellt zu sein. Vielmehr schafft Hoghe ein komplexes Zeitgewebe, in dem sich die von ihm aufgerufenen Zeichen nur für einen kurzen Moment als solche identifizieren lassen, um im nächsten Augenblick schon wieder in ein neues Zeichen umgewandelt zu werden. Die ›inneren Tableaus‹ in Hoghes Choreographien bilden sich in einer immerwährenden ›Transfer-Zone‹, der die Prozessualität noch stärker eingeschrieben ist als einem tatsächlich ›stillen‹ Tableau.

Auch wenn bei 36, *Avenue Georges Mandel* nicht direkte Bildvorlagen zitiert werden, sind die ikonographischen

Gesten, die Hoghe abruft, um an Callas zu erinnern, ähnlich ›vor-bildend‹. Vor allem im Zusammenhang mit der Musik vermittelt Hoghe ein ›Callas-Tableau‹ und erinnert an die bedeutende Opernsängerin und ihre Kunst. Die reduzierten Mittel, verbunden mit dem wiederholten Einsatz der verschiedenen Gesten, die im Callas-Stück, nicht nur über einen, sondern gleich über zwei Tänzer körperlich vermittelt werden, verdichten sich und transportieren, kombiniert mit der praktizierten Langsamkeit der Bewegung, die Zeit ins Bild. Diese ›Zeit-Bilder‹ erwachsen vor allem aus der Wiederholungsstruktur wiederkehrender Zitate. Denn dadurch entsteht der Eindruck, die Bewegung war schon einmal da oder könnte im nächsten Moment wieder kommen. Die Transformation zwischen den verschiedenen Zeichen, zu deren Träger der Tänzer wird, führt dazu, dass »[j]eder Augenblick, jedes Bild virtuell seine künftige Entwicklung vorweg[nimmt] und die Erinnerung an die vorausgegangenen Gesten [weckt]«. Giorgio Agamben, der das voranstehende Zitat mit Bezug auf eine Arbeit des Videokünstlers Bill Viola[19] äußerte, führt weiter aus, dass dieser »nicht die Bilder in die Zeit, sondern die Zeit ins Bild einführe«.

Unterstützt durch die im Raum erfahrbar gemachte, dargestellte Zeitlichkeit, eröffnet sich so ein zweites Zeitfenster. Die besondere Raumstruktur bildet, verbunden mit den verschiedenen Memorialgegenständen, eine örtliche Erinnerungsstruktur. Callas wird durch und mit Hoghe anhand der Gegenstände, die er (für sie) ›belebt‹, förmlich ›hervor-zitiert‹. Diese Erinnerungsstruktur bildet nicht nur die Verbindung zu Callas, sondern schließt außerdem (durch das stetige Abschreiten Hoghes der verschiedenen Gänge) an das räumliche Zeitkonzept an, das die Zeit für den Zuschauer intensiv erfahrbar macht. Verbunden mit dem Spiel der abwesenden Persönlichkeit Callas, deren ›unterschwellige‹ Anwesenheit im kollektiven Gedächtnis der Zuschauer und vor allem in der raumeinnehmenden Musik gegenwärtig wird, kristallisiert sich das ›innere-Callas-Tableau‹.

Ein Tableau, das ›noch-nicht‹ und ›nicht mehr‹ hergestellt ist, ein sich stetig bewegendes Bild-Konstrukt, das im Innern eines Körper verbleibt und sich erst durch die Gedächtnisleistung der Zuschauer herstellt. Ein ›inneres Tableau‹, durch das Hoghe eine lebendige Erinnerung an die verstorbene Sängerin Maria Callas schafft und offenhält.

Während kurz vor Schluss die instrumentale Eröffnung des zweiten Aktes aus *Aida* erklingt, räumt Hoghe alle Requisiten in zwei große Papiertüten, die er am hinteren Bühnenrand abstellt. Das letzte eingespielte Musikstück stammt vom Anfang des vierten Aktes aus Verdis *Otello*. Desdemona lässt sich in unruhiger Vorahnung von ihrer Dienerin Emilia das Bett herrichten, das in der folgenden Nacht ihr Totenbett sein wird.[20] Zu den düsteren Klängen des einleitenden Vorspiels sammelt Hoghe die vorher (wie beschrieben) verstreuten Papiertücher wieder ein und positioniert sich schließlich in der Mitte der nun vollends leeren Bühne. Im Zusammenhang mit der Musik lassen sich die Tücher als

---

18 Hans-Thies Lehmann: *Die Gegenwart des Theaters*, in: Erika Fischer-Lichte / Doris Kolesch / Christel Weiler (Hrsg.): *Transformationen. Theater der neunziger Jahre*. Berlin (Theater der Zeit) 1999, S. 13–26. Hier: S. 18.

19 Mit Bezug auf die Videos der Arbeit *Passions* (im Rahmen einer Ausstellung des Getty Museum in Los Angeles). Violas Videos zeigten Bilder auf »flat screens«, die sich kaum wahrnehmbar, in extremer Zeitlupe, bewegten.

20 »So schien es mir. Er befahl mir, / zu Bett zu gehen und ihn zu erwarten. Emilia, / ich bitte dich, leg auf mein Bett mein weißes Hochzeitskleid. / Höre. Wenn ich vor dir sterben müßte, / begrabe mich mit einem dieser Schleier. / Ich bin so traurig. / Meine Mutter hatte eine arme Magd, / die war verliebt und schön; / ihr Name war Barbara. Sie liebte einen Mann, der sie dann verließ; sie sang / ein Lied: *das Lied vom Weidenbaum. Lös mir das Haar. Heute abend ist meine Erinnerung erfüllt von diesem Klagelied:* ›‑‹ – Giuseppe Verdi: Othello. Musikdrama in vier Akten, übers. und hrsg. von Henning Mehnert, Stuttgart (Reclam) 1996., S. 113). Die Einspielung endet an dieser Stelle. In der darauffolgenden Szene wird Otello die vermeintlich untreue Ehefrau aus Eifersucht ermorden.

Hinweis auf Desdemonas Taschentuch deuten, das Othello als Indiz ihrer Untreue liest. Hoghe lässt, parallel zum musikalischen Einsatz des Fagotts, die Papiertücher neben sich auf den Boden fallen. Anschließend führt er langsam erst die linke, dann die rechte Hand zum Mund, so, als wolle er sich selbst daran hindern, dass ein Ton über seine Lippen kommt. Nachdem er diese Bewegung mehrere Male wiederholt hat und während Callas mit den Worten »Mi disciogli le chiome … Io questa sera ho la memoria piena di quella cantilena …«[21] das eigene Wort ›abgeschnitten‹ wird, dreht sich Hoghe leicht schräg zum Publikum. Sein Blick fällt auf Eggermont, der im Schatten des Bühnenraums die letzten Minuten der Vorstellung abgewartet hatte und nun, in gleicher Haltung wie Hoghe, diesem zugewandt, seinen Blick erwidert. Darüber verdämmert das Licht bis zur völligen Verdunkelung.

21 »Und heute Abend ist meine Erinnerung / erfüllt von diesem Klagelied: –«.

Alle Photos in diesem Text: Raimund Hoghe (und Luca Giacomo Schulte, Seite 118) in *36, Avenue Georges Mandel*

»sich etwas mit Hilfe
des Leibes
zu vergegenwärtigen«

Raimund Hoghe in *36, Avenue Georges Mandel*

ANDREAS BACKOEFER

»sich etwas mit Hilfe des Leibes zu vergegenwärtigen«

Raimund Hoghe und Franko B

Zunächst ist ein kurzer Film die einzige offensichtliche Verbindung zwischen Raimund Hoghe und dem italienischen bildenden Künstler und Performer Franko B. Dieser hat 2004 ein vierminütiges Video *Raimund Hoghe lettere amorose* über die Arbeit seines Künstlerfreundes gedreht.[1] Auf den ersten Blick könnten die Unterschiede zwischen den beiden Künstlern kaum größer sein: auf der einen Seite der bereits erfolgreiche Journalist und Dramaturg, der relativ spät zur eigenständigen künstlerischen Produktion findet, auf der anderen Seite der ehemalige Punk im London der beginnenden 1980er Jahre, der ohne den frühen Weg zur Kunst – nach eigener Aussage – vermutlich gar nicht mehr am Leben wäre. Wenn man sich einzelne Performances der beiden ansieht, werden allerdings sehr schnell deutliche Ähnlichkeiten sichtbar – vor allem in der Art, wie der Körper jeweils als Projektionsfläche zur Bildproduktion eingesetzt wird. Die dabei zugrunde liegenden Prozesse sind aber wiederum durchaus unterschiedlich, was vor allem der divergierenden Kontextualisierung innerhalb der jeweiligen Kunstsparte geschuldet ist.

KörperBilder

Beide Künstler stellen während der Performances häufig ihren jeweils nicht der Durchschnittsnorm entsprechen-

den Körper zur Schau; bei Franko B kommt hinzu, dass der voluminöse Leib in der Regel nackt – entweder komplett weiß oder schwarz geschminkt – das Zentrum der Aktion bildet. Mit den Worten Maurice Merleau-Pontys formuliert, sind sowohl bei Hoghe als auch bei Franko B Wahrnehmung und Körper untrennbar: »Wahrnehmen bedeutet, sich etwas mit Hilfe des Leibes zu vergegenwärtigen. Dabei hat das Ding immer seinen Ort in einem Welthorizont, und die Entzifferung besteht darin, jede Einzelheit in die geeigneten Wahrnehmungshorizonte einzufügen.«[2] Und um weiter Merleau-Ponty zu zitieren, ist »in einem bestimmten Sinne […] alles Wahrnehmung«.[3]

Da beide Performer mit den Strukturprinzipien der Wiederholung und der Langsamkeit – bis hin zum Stillstand – operieren, werden ihre Körper selbst zu ›Bildern‹ bzw. zur Projektionsfläche für eine ›Bildproduktion‹. In ihrer Diplomarbeit über Raimund Hoghe hat Anna Wieczorek den Begriff des ›inneren Tableaus‹ eingeführt. Dies ist ein Bild, das generiert wird, wenn der Zuschauer den Tänzer wahrnimmt. Wichtig dabei ist, dass dies nicht über den Weg der externen Projektion geschieht, sondern vielmehr eine intendierte Wirkung ist, die sich über den Körper des Darstellers sowie über das formale Setting der jeweiligen Aufführung herstellt. Das ›innere Tableau‹ formiert sich im Blick des Zuschauers, während der ›Versenkung‹ in den Performerkörper.[4]

Im Folgenden wird in leichter Abwandlung der Terminus »inneres Bild« verwendet, da dieser Begriff neben den theatralen Bedeutungshorizont ebenso noch den umfassenderen der bildenden Kunst integriert.[5] Indem Wieczorek für ihren Definitionsversuch die Bildtheorie W.J.T. Mitchells hinsichtlich der beiden Schlüsselwörter ›image‹ und ›picture‹ auch als einen quasi-korporalen Verdichtungsprozess interpretiert,[6] wird die Rolle des Performerkörpers noch wesentlicher.

Ähnlich dynamisch und ›interaktiv‹ beschreibt Francesca Alfano Migletti die Bildproduktion bei Franko B: »It is an attempt to develop a language and an expressive modality that expresses an ›idea‹, that arrives at the concept and forces one to think of the act of seeing and looking more than the image itself: ›in the image I can see more the reflection of the eye who is looking than the object that is beeing looked at.‹«[7] Dieser Vorgang ist durchaus mit der oben genannten Verdichtung vergleichbar. Mit anderen Worten und auf einer abstrakteren Ebene beschreibt diesen Prozess Merleau-Ponty als das Paradox der Immanenz und der Transzendenz: der Immanenz, weil das Wahrgenommene dem Wahrnehmenden nicht fremd sein kann; der Transzendenz, weil es immer ein Jenseits dessen umfasst, was wirklich gegeben ist.[8]

Franko B: *Aktion 389*

Franko B führte die Solo-Performance *Aktion 389* von 1999 bis 2003 auf. Bei einer Vorstellung in Braunschweig[9] war der Autor dieses Textes Zuschauer/Teilnehmer der Aktion. Der Hauptteil bestand darin, dass der Zuschauer/Teilnehmer eine gewisse Zeit mit dem Performer allein in einem abgeschlossenen weißen

Raum verbrachte. Franko B war unbekleidet und komplett weiß geschminkt, trug eine Plastikmanschette um den Hals (die üblicherweise nur Hunde tragen) und hatte an der Seite des Bauches ein kleine blutige Wunde.

1 Der Film ist keine Dokumentation, er zeigt Szenen aus dem zweistündigen Stück *Lettere amorose*, gefilmt mit einer Handkamera, aus dem Zuschauerraum.

2 Maurice Merleau-Ponty: *Das Primat der Wahrnehmung und seine philosophischen Konsequenzen*, in: (ders.): *Das Primat der Wahrnehmung*. Hrsg. v. Lambert Wiesing. Frankfurt a.M. (Suhrkamp) 2003, S. 26–84, hier S. 83.

3 »[…] weil es keine einzige Vorstellung und keine einzige Überlegung gibt, die nicht zeitlich datiert ist, deren objektive Realität die formale Realität erschöpft und die sich über die Zeit erhebt.« Ebd., S. 81.

4 Vgl. Anna Wieczorek: *Raimund Hoghe. Zwischen Zeit und Zeichen.* Diplomarbeit München 2011, S. 16. Ich danke Anna Wieczorek für die freundliche Erlaubnis, aus ihrer Diplomarbeit zitieren zu dürfen. Siehe auch den Beitrag von Anna Wieczorek in diesem Band, Seite 112–122.

5 In Bezug auf strukturbildende Tableaus in Erzähltexten spricht Bettina Brandl-Risi – in Anlehnung an Roland Barthes – von ›Figuren‹. Dies zeigt, dass sich die jeweilige Benennung auch nach dem untersuchten Medium richten kann (vgl. Bettina Brandl-Risi: »*Tableau's von Tableaus*«. Zur Beziehung von Text, Bild und Theater in Erzähltexten des 19. Jahrhunderts, in: Günter Heeg / Anno Mungen (Hrsg.): *Stillstand und Bewegung. Intermediale Studien zur Theatralität von Text, Bild und Musik* (= Intervisionen, Bd. 6). München (epodium) 2004, S. 115–128, hier S. 115).

6 »Mitchells Ansatz folgend ließen sich seine Überlegungen zu ›image‹ und ›picture‹ auch fruchtbar auf die angestrebte Definition eines ›inneren Tableaus‹ anwenden. Ein ›inneres Tableau‹ würde ein dann noch nicht erschienenes, noch nicht veräußerlichtes Tableau sein, ein ›image‹, das sich nur im Kopf des Rezipienten herstellt und auf der Bühne entsteht, noch bevor ein wirkliches, äußeres Tableau, vergleichbar mit dem Mitchell'schen ›picture‹ gestellt wird. Dieses ›innere Tableau‹ würde sich als eine Verdichtung verschiedener Bilder im Schauspieler- oder Tänzerkörper manifestieren, der statt eines materiellen Trägers die Bilder durchscheinen lässt und durch den hindurch sich die ›images‹ zu ›pictures‹ verfestigen können.« – Wieczorek, S. 41.

7 Francesca Alfano Migletti: *Franko B – I Still Love.* In: *Franko B – I Still Love* [Ausstellungskatalog]. Mailand (24 Ore Cultura) 2010, S. 15–23, hier S. 15.

8 Vgl. Merleau-Ponty, S. 34.

9 Die Performance fand am 2.2.1999 im Rahmen des Festivals »upgrade +3. Zwischen Club und Cyber. Symposion zum Theater des 21. Jahrhunderts« im Braunschweiger LOT Theater statt.

Da weiter an äußerer Handlung nichts ›passierte‹, generierte diese klaustrophobische Raumsituation und die zugleich höchst intensive Eins-zu-eins-Präsenz zweier Menschen permanent und dynamisch ›innere Bilder‹ auf / durch den nackten Körper.[10]

KörperEmotionen

Mit dieser unablässigen Bildproduktion findet die oben geschilderte Situation auf einem sehr hohen emotionalen Niveau statt. Anfängliche Angstgefühle auf Seiten des Zuschauers / Teilnehmers wurden durch Emotionen wie Verunsicherung oder sogar Besorgtheit abgelöst. Dies ist nicht nur bei der direkten Interaktion von Performer und Teilnehmer der Fall, sondern auch bei Aktionen mit einem größeren Publikum und einer eher klassischen Bühnensituation – wie etwa der »bleeding performance« *I Miss You* (1999–2005)[11]. Durch das ausgestellte Bluten visualisiert Franko B seine Menschlichkeit[12] und emotionalisiert dadurch das Publikum. So beschreibt Thomas Qualmann seine Erfahrung mit den Worten: »Inside Franko bleeds; / heart controlling mouth making / booming voice resound / boom boom goes my heart / we are all naked inside; / Franko is my love.«[13] Der hohe Emotionalisierungsgrad der »bleeding performances« wird durch die Dimension des Risikos noch erhöht: Die Grenzüberschreitung dieser Body Art bewirkt bei den Zuschauern eine Art Katharsis, wie sie vermutlich in keiner anderen Kunstform möglich ist. Diese wird durch performative radikale, sogar masochistische Erfahrungen ausgelöst, die sich linguistischen Kategorien wie Beschreibungen

oder Erklärungen entziehen und für das »surplus«[14] sorgen.[15]

Bei Raimund Hoghe werden ebenfalls über die dargestellte Körperlichkeit Emotionen hervorgerufen – allerdings eher darüber, dass der Performerkörper in die Struktur des Stückes integriert wird. Franz Anton Cramer schreibt über 36, *Avenue Georges Mandel*: »[…] weil Hoghe vom ersten Stück an, das er ›gemacht‹ und aufgeführt hat, mit besonderem Kalkül nach Möglichkeiten sucht, die jeweiligen Parameter der Aufführung in ihrer Selbstständigkeit, Einzigkeit und Würde zu bewahren und sie doch immer in einen Zusammenhang, ein Performativ eben, einzubinden, welches diese Parameter (als Anteile, Themenstellungen, Anliegen, Artefakte) nochmals erhöht und ihnen im Rituellen, in der Andacht, der Reduktion und dem Atmosphärischen eine Strahlkraft verleiht, die dann als schön bezeichnet werden darf.«[16]

Gerade bei 36, *Avenue Georges Mandel* ist auffällig, wie Hoghe durch den ritualisierten Umgang mit den Requisiten diese ›emotionalisiert‹ – im Sinne eines »humanising the object«[17]: »Jeder beliebige Gegenstand kann zum Träger jenes zittrigen Schimmers werden, jenes mehr oder weniger unerträglichen Strahlens, das man das Schöne nennt«, beschreibt Marie-Françoise Ehret diese Verschiebung vom Körper zum Ding – und umgekehrt – in ihrer Erzählung *Raimund Hoghe. L'ange inachevé.*[18] Im Gegenzug erfährt die an-/abwesende Kunstfigur Mann/Frau-Hoghe/Callas eine emotionale Aufladung von außen: durch die Einspielungen der Callas (sowie der Interviewausschnitte).

Ähnlich wie in *Meinwärts* oder zum Teil auch bei *L'Après-midi* transportieren die Musikeinspielungen neben der inhaltlichen Verortung auch eine gewisse Gefühls-Grundstimmung – vor allem, wenn der Performer durch sein Nicht-Handeln zur kontemplativen Projektionsfläche des gerade Gehörten wird.

ZeitKörper

Das ›Nicht-Handeln‹ bzw. die extreme Zeitdehnung – auch bewirkt durch das Mittel der Wiederholung – ist sowohl bei Hoghe[19] als auch bei Franko B ein strukturbildendes Element. Überhaupt ist in der Kunst der experimentelle Umgang mit dem Parameter Zeit zur Sichtbarmachung von Strukturen und Prozessen inzwischen weit verbreitet.[20]

Das Spiel mit der Zeit betreibt Hoghe als Tanztheatermacher vor allem in *Boléro Variations*, aber auch in *L'Après-midi* und *36, Avenue Georges Mandel*, indem er ganz bewusst repetitive Szenen kreiert – es ist dies ein Verfahren, das im (post)modernen Tanztheater und darüber hinaus im Sprechtheater der Postmoderne (sogar bis hin zur Minimal Music) häufig angewandt wird. Die Gründe dafür liegen wohl in dem Widerstand gegen bis dahin gültige theatrale und dramaturgische Prinzipien wie Virtuosität, narrative Logik, Dramatik etc. Durch ihr Negieren wird auf einem hohen Aufmerksamkeitsniveau ein neues, konzentriertes Rezeptionsverhalten eingefordert.

Im Kontext der bildenden Kunst ist die Auseinandersetzung von Franko B mit dem Faktor Zeit ganz anders zu interpretieren. In vielen seiner Performances gibt es kaum eine äußere Handlung – oft ist ein einfaches Auf-und-ab-Laufen die einzige Aktion, und die Zeit wird durch den sichtbaren Blutverlust (auf weißen Stoffbahnen) wahrgenommen, wie z. B. bei *I Miss You*. Im Gegensatz zu Raimund Hoghe, der das Tanztheater zum Stillstand bringt, erweckt Franko B seine eigene

10 »In unserer Kultur zeichnet sich das Verhältnis Gesicht/Körper durch seine fundamentale Asymmetrie aus: Das Gesicht bleibt zumeist nackt, während der Körper für gewöhnlich bedeckt ist. Dieser Asymmetrie entspricht die Vorrangstellung des Kopfes [...]« – Giorgio Agamben: *Nacktheiten*. Frankfurt a.M. (S. Fischer) 2010, S. 110.

11 Diese fand unter anderen 2003 in der Turbinenhalle der Londoner Tate Modern statt (vgl. *I Still Love*, S. 112f.).

12 So Franko B in einem Interview mit European Live Art Archive (http://vimeo.com/38225581; letzter Zugriff 24.5.2012).

13 *Franko B – I Still Love*, S. 136.

14 Vgl. zur Definition des »surplus«: A. Kiorina Kordela: *$urplus. Spinoza, Lacan* (= SUNY series), Albany (State University of New York Press) 2007.

15 Vgl. John C. Welchman: *Introduction*, in: *The Aesthetics of Risk*. Ed. by John C. Welchman, Zürich (jrp ringier) 2008, S. 9–55, hier S. 17.

16 Franz Anton Cramer: *Maria Callas' letzte Wohnadresse. Raimund Hoghes 36, Avenue Georges Mandel – Preview Theater im Pumpenhaus Münster*, in: *Corpusweb* (www.corpusweb.net/maria-callas-letzte-wohnadresse-4.html; letzter Zugriff 24.5.2012).

17 Marie de Brugerolle: *The Stage Object in the Age of Commodity Fetichisation*, in: *Not to Play With Dead Things*. Hrsg. v. Villa Arzon Nice, Zürich (jrp ringier) o. J., S. 32–41, hier S. 35.

18 Zit. bei Cramer.

19 »Hoghe reduziert den Tanz, bis er fast gar kein Tanz mehr ist.« – Sabine Müller: *Debussy, Hoghe und der Nachmittag eines Fauns. Tanztheaterstück für zwei Männer und zwei Gläser Milch*, in: *Münstersche Zeitung* vom 22.9.2008 (www.tanznetz.de/kritiken.phtml?page=showthread&aid=176&tid=13194; letzter Zugriff 24.5.2012).

20 Eine Technik, die ebenfalls in der Naturwissenschaft zur Visualisierung Verwendung findet: »[...] immer ist damit entweder eine Kompression oder eine Dilatation verbunden, und zwar entweder im Raum oder in der Zeit. Man könnte vielleicht sogar die Behauptung wagen, dass die Kunst des wissenschaftlichen Experimentierens wesentlich darin besteht, sich solche Zusammenziehungen und Ausweitungen, Verlangsamungen oder Beschleunigungen auszudenken und zu erzeugen, um damit die untersuchten Phänomene in den Bereich des Sichtbaren bringen. Was zu klein ist, muss aufgebläht werden, was zu groß ist, muss zusammengepresst werden. Was zu schnell ist, muss gebremst werden, was zu langsam ist, muss beschleunigt werden.« – Hans-Jörg Rheinberger: *Sichtbar Machen – Visualisierung in den Naturwissenschaften*, in: *Bildtheorien. Anthropologische und kulturelle Grundlagen des Visualistic Turn*. Hrsg. v. Klaus Sachs-Hombach, Frankfurt a.M. (Suhrkamp) 2009, S. 127–145, hier S. 129.

Raimund Hoghe in *36, Avenue Georges Mandel*

Körperskulptur durch minimalste Handlungen zum Leben. Er, der keineswegs in theatralen Kategorien denkt – »theatre is obsolete« –, geht davon aus, dass die Ästhetik weit jenseits der narrativen Ebene operiert.

Beide Künstler/Performer, Hoghe und Franko B, erschaffen über Körperwahrnehmung, Emotionalisierung und Entzeitlichungsstrategien in ihrer jeweiligen Kunstgattung eine ganz eigenständige und unverwechselbare Kommunikation mithilfe der Kreation ›innerer Bilder‹. Da bei Raimund Hoghe auch immer die Erinnerung und die (Kunst-)Geschichte einen Bestandteil der Stücke bilden, sind seine Bilder ›Speicher‹ und ›Transformatoren‹ von Bedeutung im Sinne von Erwin Panofsky, dem die Kunstgeschichte des frühen 20. Jahrhunderts eine sehr einflussreiche Methodendiskussion zur Bildtheorie verdankt. Bei Franko B, der in einem vorwiegend ahistorischen Bereich Kunst ›produziert‹, können Bilder eher als ›Generatoren‹ von Bedeutung in der Definition von Max Imdahl – der in Absetzung zu Panofsky sein eigenes Deutungsverfahren unter dem Schlagwort »Ikonik« etablierte – interpretiert werden.

Raimund Hoghe und Lorenzo De Brabandere in *Swan Lake, 4 Acts*

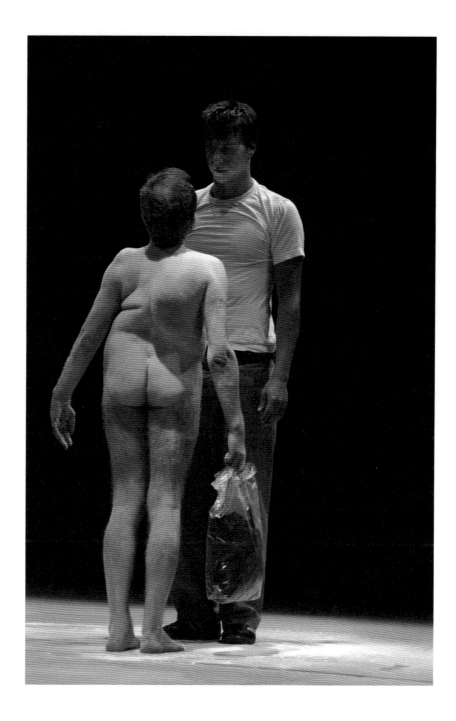

SWAN LAKE, 4 ACTS

Lorenzo De Brabandere | Raimund Hoghe | Ornella Balestra

Ornella Balestra | Raimund Hoghe | Brynjar Bandlien (rechts Mitte)

Emmanuel Eggermont und Raimund Hoghe

Luca Giacomo Schulte und Raimund Hoghe

BOLÉRO VARIATIONS

Raimund Hoghe | Emmanuel Eggermont | Yutaka Takei (unten) | Ornella Balestra

Emmanuel Eggermont

Emmanuel Eggermont | Raimund Hoghe

SANS-TITRE

Raimund Hoghe und Faustin Linyekula

Raimund Hoghe in *Another Dream*, Photo: Luca Giacomo Schulte

Den Körper
in den Kampf werfen

RAIMUND HOGHE

Den Körper
in den Kampf werfen

Anmerkungen zu Behinderten auf der Bühne und anderswo

»Den Körper in den Kampf werfen«, schreibt Pier Paolo Pasolini, und sein Satz hat sich festgesetzt nicht nur in meinem Kopf. Er war auch ein Anstoß, auf die Bühne zu gehen – mit einem Körper, der selten auf einer Bühne zu sehen ist. Wenn Körper wie meiner im Theater oder in Filmen erscheinen, dann fast immer in speziellen und sehr reduzierten Rollen – dass das so ist, weiß ich seit meiner Kindheit. Als ich mich während der Schulzeit am Theater in Wuppertal um eine Statistenrolle in einer Aufführung der *Räuber* von Schiller bewarb, wurde ich nicht genommen. Doch ein halbes Jahr später durfte ich in Shakespeares *Komödie der Irrungen* auftreten: als buckliger Schneider. Das war eine der Rollen, die für Leute mit meinem Körper vorgesehen sind – eine andere war die des Rumpelstilzchen im Märchen, das ich in einer Schulaufführung spielte. »Ach wie gut, dass niemand weiß …«

Mein erstes Solo *Meinwärts* ist 1994 entstanden, in einer Zeit, als sehr viele Leute an Aids gestorben sind – auch Freunde von mir. Ich hatte mich als Journalist sehr intensiv mit der Krankheit und den Reaktionen der Gesellschaft auf Aidskranke auseinandergesetzt, aber ich wollte zu diesem Thema auch etwas auf der Bühne sagen – schließlich sind auch viele Tänzer an Aids gestor-

ben, prominente wie Rudolf Nurejew, Dominique Bagouet und eher unbekannte. Und mir war klar: Wenn ich dazu Stellung beziehen will, muss ich das selbst tun – ich kann nicht einem Tänzer mein politisches Statement auf den Körper schreiben. Ich muss das mit meinem Körper machen. Dabei geht es nicht um meine persönliche Geschichte, meinen persönlichen Körper. Ich wollte einfach meinen Körper als Beispiel nehmen und sagen: »Diesen Körper gibt es auch. Es gibt andere Körper als die bekannten Tänzerkörper.«

»Man geht ins Theater, um zu schauen, und nicht, um wegzugucken«, erklärte mir in einem Interview der behinderte Schauspieler und Autor Peter Radtke, der im Rollstuhl sitzt und die sogenannte Glasknochenkrankheit hat. »Meine Knochen brachen bei der Geburt klirrend wie Glas – und ich lag da in schillernden Scherben«, sagte der 42-Jährige in George Taboris *Medea-Version M*, in dem er das Kind von Medea und Jason spielte. Einmal, als er die Mutter auffordert, »Schau mich doch an«, und sie davon redet, dass doch alle Menschen irgendwie behindert seien, reißt er sich den Anzug auf und hält ihr seinen deformierten Oberkörper entgegen: »Wolltest du mit mir tauschen?« Menschen wie Peter Radtke haben mir durch ihre Arbeit Mut gemacht, auf die Bühne zu gehen und meinen Körper zu zeigen. Ein anderer: der Butoh-Tänzer Kazuo Ohno, der noch mit über achtzig Jahren aufgetreten ist und auf der Bühne Kind sein konnte und Greis, Mann und Frau. 2003 habe ich ihn in seinem Studio in Japan noch einmal getroffen. Kazuo Ohno leidet seit einigen Jahren an Alzheimer, aber die Erinnerung an den Tanz war noch in seinem Körper. Als eine Platte von Maria Callas gespielt wurde, kamen die Erinnerungen zurück und Kazuo Ohno machte mit seinen Händen die gleichen Bewegungen wie Jahre zuvor auf der Bühne. Ihm war bewusst, dass er sich an vieles nicht mehr erinnern kann und dass er krank ist, aber mit dem Körper konnte er sich erinnern an das, was einmal wichtig war in seinem Leben. Und als er mit seinen Händen tanzte, war wie auf der Bühne wieder diese besondere Kraft zu spüren – die eines gelebten Lebens und eines Körpers, der alt ist und der Würde hat und eine Schönheit, die sich gängigen Normvorstellungen entzieht.

Meine Arbeit ist für mich auch ein Anlass, über Schönheit zu sprechen. In meinen Stücken benutze ich Musik, die ich als sehr schön empfinde, und Materialien, die ich schön finde. Als Kontrast setze ich meinen Körper, den man im Allgemeinen als nicht schön empfindet, der häufig als hässlich beschrieben wird oder ins Reich der Märchen versetzt wird. »Schneewittchen und ihr Zwerg«, »Die Schöne und der Bucklige« oder »Der Schwanensee des hässlichen Entleins« kann ich immer wieder in deutschen Zeitungen über mich und meine Arbeit lesen und es stört mich, dass eine Abweichung von der körperlichen Norm in Deutschland immer wieder mit hässlich verbunden wird – in Frankreich, Belgien oder England geschieht das nicht. Man kann schreiben, dass ich einen Buckel habe, damit habe ich kein Problem, ich wehre mich nur gegen die Gleichsetzung anders gleich hässlich. Und wer definiert, was schön ist und was hässlich? Ist Arnold Schwarzenegger schön? Sind gespritzte Lippen erotisch? Sind die durch Silikon vergrößerten Brüste schön? Und sind die starren Gesichter der gelifteten Frauen und Männer schön?

Mein erstes Solo *Meinwärts* zitiert im Titel ein Gedicht von Else Lasker-Schüler, deren Arbeit ich seit meiner Schulzeit liebe. Ich habe den Titel *Meinwärts* auch deshalb gewählt, weil es darum geht, zu sich zu gehen – für mich als Autor, aber auch für den Zuschauer. In meinen Stücken hat der Zuschauer Zeit, in sich reinzuhören, sich zu erinnern, die eigene Geschichte zu erinnern. Eine Autorin aus Norwegen hat in ihrer Magisterarbeit geschrieben, dass die Zuschauer meiner Stücke auf sich selbst zurückgeworfen werden – einmal durch den Faktor Zeit, zum andern aufgrund meines Körpers. Ihre These ist, dass Menschen häufig in Tanzvorstellungen gehen, um einen schönen Körper zu sehen und sich mit diesem schönen Körper zu identifizieren. Was mehr oder weniger gelingt, weil die meisten Tänzer bestimmten Idealvorstellungen entsprechen. In meinen Vorstellungen fällt diese Identifikation mit dem Körper weg – wer will schon eine Behinderung haben? Da der Zuschauer nicht die Möglichkeit sieht, sich zu identifizieren, ist er auf sich zurückgeworfen. Es bleibt ihm nichts anderes übrig, als den eigenen Körper zu spüren – oder das Theater zu verlassen. Ich finde es wichtig, dass die Zuschauer sich und ihren Körper spüren – es geht schließlich nicht um meinen Körper, der ist nur stellvertretend da.

Meine Stücke sind keine autobiographischen Stücke. Ich will auf der Bühne nicht persönliche Probleme verarbeiten. Theater ist nicht das Leben und auch keine Therapie. Ich kann meinen Körper auf der Bühne zeigen und es ist etwas anderes, wenn ich denselben Körper in einem Schwimmbad oder am Strand zeige. Es hilft mir dort nicht, dass ich meinen Körper auf der Bühne gezeigt habe – der Theaterraum und die Kunstform sind auch ein Schutz. Dass das Entblößen meines Rückens bei manchen Betrachtern und Kritikern als

Provokation gedeutet wird und weit mehr Entrüstung auslöst als die Darstellung von Gewalt, erschreckt und verwundert mich immer wieder. Was ist das, was man nicht sehen will? Die eigene Verletzlichkeit vielleicht oder die Angst vor dem, was anders ist? Warum darf ich mein T-Shirt nicht ausziehen, nur weil ich einen Buckel habe?

Mich interessiert die Verbindung von persönlicher Biographie mit kollektiver Biographie. Zum Beispiel in *Meinwärts*. Ein Thema darin ist die Geschichte des jüdischen Tenors Joseph Schmidt, der 1933 Deutschland verlassen musste und dessen Lieder im Stück zu hören sind. Er ist vor den Nazis quer durch Europa geflohen und starb 1942 in einem Internierungslager in der Schweiz. 1933 wurde sein Film *Ein Lied geht um die Welt* in Berlin uraufgeführt, und in Rezensionen der Naziblätter wie *Völkischer Beobachter* wurde immer wieder sehr deutlich Bezug auf seinen Körper genommen. Er sei klein, hässlich und unübersehbar ein Jude, hieß es. Das Hervorheben der Körpergröße kenne ich auch aus etlichen Kritiken über mich. Ich bin 1,54 m groß und viele Tänzer sind nicht sehr viel größer, aber bei ihnen wird es in Kritiken nicht erwähnt. Bei mir wird die Größe dagegen immer wieder zum Thema gemacht – wie bei Joseph Schmidt in der Nazizeit. Interessanterweise taten die Nazischreiber das nicht bei Heinz Rühmann, der kaum größer war als Joseph Schmidt. Aber Rühmann war Teil der Unterhaltungsmaschinerie des »Dritten Reiches«, und einen Star wie ihn wollte man nicht »klein machen« – dafür hatte man sich andere ausgesucht. Zum Beispiel den Juden Joseph Schmidt, der zuerst diskriminiert und dann verfolgt wurde.

Ich komme aus Deutschland und beziehe mich auf deutsche Geschichte. Ich tue es auch deshalb, weil ich es wichtig finde, an den Umgang mit Menschen und Körpern in der Nazizeit zu erinnern. Ich frage, was an Ausgrenzung im »Dritten Reich« möglich war und in anderer Form wieder möglich wird, was heute mit Körpern geschieht. Es wird wieder über »lebenswert« und »nicht lebenswert« entschieden und Kinder mit schweren Behinderungen können noch im sechsten oder siebten Monat abgetrieben werden. Wenn man zum Beispiel feststellt, dass das Kind ein Down-Syndrom haben wird, kann die Schwangerschaft auch noch zu diesem Zeitpunkt abgebrochen werden. Wir hatten in der deutschen Geschichte schon einmal die Selektion von Menschen, die nicht den Vorstellungen von Normalität entsprachen, und es sollte nicht vergessen werden, wo das hingeführt hat. Deshalb ist es wichtig, dafür zu kämpfen, dass andere Körper sichtbar bleiben – auf der Bühne und im Alltag.

In meiner Kindheit sah man sehr wenige Behinderte auf der Straße, ob Gehörlose oder Rollstuhlfahrer. Mit welcher Behinderung auch immer, sie wurden einfach weggesperrt, die kamen einfach nicht auf die Straße. Heute werden Behinderte oft gar nicht erst geboren, weil man das Leben eines Behinderten nicht für ein lebenswertes Leben hält. Dagegen wehre ich mich. Ich will, dass verschiedene Körper existieren können – auch verletzte und deformierte Körper. Ich sage nicht, dass es toll ist, einen Buckel zu haben, aber ich sage auch, dass ich kein hässliches Entlein bin und nicht als Märchenfigur oder Freak behandelt werden will.

Das Meer ist schön und die Berge sind hässlich – das kann man so nicht sagen. Es gibt Berge und es gibt das Meer und man kann nicht sagen: Die Berge sollen alle weg, wir wollen nur noch flaches Land. Und vergleichbar mit den verschiedenen Landschaften sind für mich auch die Körper von Menschen. Der Körper ist wie eine Landschaft und es geht darum, dass man sorgsam mit ihnen umgeht – mit Körpern und Landschaften.

Der Text wurde erstmals gedruckt in *du – Zeitschrift für Kultur*, [Nr. 765], April 2006, Supplement *Simply perfect: STEPS-Festival Revue*.

Astrid Bas und Raimund Hoghe in *Si je meurs laissez le balcon ouvert*

Körper : Kampf : Kunst

Emmanuel Eggermont und Raimund Hoghe in *Boléro Variations*

JÖRG VON BRINCKEN

Körper : Kampf : Kunst

Zu Raimund Hoghes Ästhetik der Differenz

»Den Körper in den Kampf werfen«, schreibt
Pier Paolo Pasolini. Dieser Satz: für mich auch
ein Anstoß, auf die Bühne zu gehen.[1]

Raimund Hoghe

Norm und Abweichung –
eine doppelte Herausforderung

Raimund Hoghes Theater, dessen zentraler Gegenstand
die tiefsinnige und zutiefst sinnliche Auseinandersetzung
mit Differenz ist, hat an mindestens zwei Fronten
zu kämpfen.

Damit meine ich nicht in erster Linie, dass man es,
gerade in Deutschland, als ›Behindertentheater‹ rezipieren
könnte. Auch nicht, dass Hoghes szenische
Selbstpräsentation ob seines gewölbten Rückens und
des Knickes, den sein zarter Körper macht, in Deutschland,
offenbar nach wie vor das Herrschaftsgebiet des
klassischen Verständnisses vom Schönen und Guten, oftmals
als Provokation gewertet wurde.

Nein, es geht darum, dass das Thema der Differenz
selbst in Zeiten, in denen die Sehnsucht nach Abweichung
wie der dunkle Zwilling der allgemeinen
Normierung auf Funktionstüchtigkeit und Anpassung
heranwächst, ein wenig banalisiert erscheint. Zwar sind

der mächtigste Körperdiskurs und die institutionelle
Leibespolitik immer noch am Vor- oder Wunschbild des
symmetrischen, gesunden, disziplinierten und ertüchtigten
Körpers orientiert – und unter diesem Regime
der Tüchtigkeit wird alles scheinbar Imperfekte (dazu
zählen mittlerweile auch Dickleibigkeit und Unsportlichkeit)
als krankhafte Devianz oder sogar asozialer
Tatbestand gewertet. In Zeiten der medialen Vervielfältigung
imaginärer Wunschbilder in der Postmoderne
scheiden sich jedoch auch am Körper die Geister, gerade
deshalb, weil er zur Metapher für die Werte und
Glaubensüberzeugungen einer Gesellschaft stilisierbar
und ideologisch befrachtbar ist. In unserer heutigen
pluralistischen Kultur mit ihren diversen Unter- und Subkulturen
haben sich so neben der offiziellen Biopolitik
körperlicher Tüchtigkeit alternative Körpermoden und
Leibesstrategien entwickelt, die im Prinzip äußerlicher,
auch irreversibler Abweichung ein gewisses Nichteinverständnis
gegenüber offiziellen Werten zur Schau
tragen. Sei es die neoprimitive Subkultur des Bodymodding
mit ihrem Narbenkult, ihren Tattoos, Piercings,
Brandings, Implantaten usw., sei es diejenige der
Extrembodybuilder mit ihren steroidgeblähten Leibern
(die scheinbar nicht in erster Linie schön, sondern
monströs wirken sollen), seien es die in unzähligen
Filmen zelebrierte Liaison von Mensch und Bestie (Vampir,
Werwolf usw.) oder auch das Identitätsversprechen
von Menschenleib und Maschinenkörper in Gestalt des

Cyborgs, des Terminators. Angesichts solcher Körpertechnologien fragt Hoghe selbst: »Ist Arnold Schwarzenegger schön? […] Sind die durch Silikon vergrößerten Brüste schön? Und sind die starren Gesichter der gelifteten Frauen und Männer schön?«[2] Nein, das alles ist nicht wirklich schön. Aber vielleicht geht es darum auch gar nicht mehr: Vielmehr geht es um Auffälligkeit. Aus der Perspektive einer medial gespeisten Aufmerksamkeitsökonomie löst der Exzentrismus mehr und mehr die klassische Linie ab.[3] Die zu Markte getragene Haut muss in der einen oder anderen Weise sensationell wirken, um innerhalb des Vergleichsrasters Mehrwert zu erlangen.

Aber auch aus ökonomie- und herrschaftskritischer Sicht hat das Prinzip der Abweichung politisches Potenzial entwickelt. »We need a new Rabelais, or rather, many«[4], betonen Michael Hardt und Antonio Negri in ihrem berühmten Buch *Multitude* – und stilisieren dabei die monströse Differenz – übrigens ganz en vogue: in Gestalt des Vampirs – zum utopischen Ansatzpunkt einer Lebensreform.[5]

In einem Punkte konvergieren alle Varianten eines postmodernen Körpers, der sich »dem Trost der guten Form verweigert«[6] und gewissermaßen eine integrale Monstrosität produziert – sei sie affirmativ oder deviant. Sie alle gehen davon aus, dass auch der abweichende oder andere Körper bestens *funktioniert*, zumindest in seinen jeweiligen ökologischen oder subkulturellen Nischen: und dort sogar besser als der am klassischen Bild justierte Normalleib.[7] In den Perspektiven der offiziellen wie der gegenkulturellen Seite finden sich somit Spuren der Verlustgeschichte des Körpers, wobei der Körper als Individuelles und Eigenes geleugnet und »disziplinierenden Regeln und Zugriffen unterworfen«[8] wird.

Genau in diesem kulturellen Spannungs- und Verlaufsfeld einer Indienstnahme des Körpers als Funktionsmetapher wäre die eigentliche kämpferische Dimension des Theaters des ›kleinen Mannes‹ Hoghes anzusetzen, der sich nicht nur gegen überkommene Körperklischees, sondern in seiner Individualität als Künstler und als Tänzer auch gegen die modische Zelebrierung von Anti-Normen durchsetzt. »Den Körper in den Kampf werfen« – dieser Satz von Pasolini ist zum Motto Hoghes geworden.[9] Es ist jedoch, betrachtet man die bisherigen Ausführungen, ein Kampf gegen Skylla und Charybdis.

Zumal noch von einer dritten Seite aus eine Herausforderung besteht, die ureigene der kritischen und politischen Kunst, der sich Hoghe selbst verschrieben hat. Es bestand spätestens seit den Aufbrüchen der Romantik im 19. Jahrhundert und von da an bis heute seitens vieler Künstler eine Tendenz, abweichende, unnormale oder auch behinderte Körper (und Geister) zu Symbolen für die eigene Außenseiterrolle zu stilisieren.[10]

---

1 Erster Satz des Statements von Raimund Hoghe auf seiner Homepage: www.raimundhoghe.com/deutsch.php (letzter Zugriff 15.6.2012).

2 Siehe Raimund Hoghe: *Den Körper in den Kampf werfen*, in diesem Band Seite 150–152, hier Seite 151.

3 Zum Begriff der Aufmerksamkeitsökonomie vgl.: Georg Franck: *Ökonomie der Aufmerksamkeit*, München, Wien, Hanser 1998.

4 Michael Hardt / Antonio Negri: *Multitude*, New York (Penguin) 2004, S. 194.

5 Vgl. ebd., S. 190–196.

6 Jean-François Lyotard, in: Peter Engelmann (Hrsg.): *Postmoderne & Dekonstruktion. Texte französischer Philosophen der Gegenwart*, Stuttgart (Reclam) 1997, S. 3–48, hier S. 47.

7 Vgl. Benjamin Marius Schmidt / Gesa Ziemer: http://www.ith-z.ch/media/pdf/053926700121552624.pdf, S. 4 (Letzter Zugriff: 15. Juni 2012).

8 Valentin Groebner, in: *mittelweg 36*, 6/2005, S. 69–84, hier S. 70.

9 Die Formulierung ist auch Titel einer Lecture Performance von Raimund Hoghe seit 2000 und der Titel eines Vortrags im Rahmen einer Ringvorlesung an der Universität Hamburg, gedruckt in: Gabriele Klein / Wolfgang Sting (Hrsg.): *Performance. Positionen zur zeitgenössischen szenischen Kunst*. Bielefeld (transcript) 2005, S. 51–57.

10 Vgl. Carrie Sandahl: *Considering Disability: Disability Phenomenology's Role in Revolutionizing Theatrical Space*, in: *Journal of Dramatic Theory and Criticism*. Spring 2002, S. 17–31, S. 18; vgl. David Hevey: *The Creatures Time Forgot: Photography and Disability Imagery*, New York (Routledge) 1992, S. 54.

Wie die behinderte Künstlerin und Theoretikerin Carrie Sandhal zu Recht schreibt: »Disability becomes a fable for the abled.«[11] Wobei, dies sozusagen ein Treppenwitz in der Geschichte aus der Norm fallender *Theater-* und *Film*-Künstler, sehr oft nur ›normalen‹ Darstellern das Recht eingeräumt wurde, abweichende Charaktere darzustellen, während die Körper von ›Behinderten‹ als zu profan für Bühne oder Bildschirm galten. Die Logik der Tüchtigkeit nistet auch und gerade in der darstellenden Kunst: Den von der Norm abweichenden Künstlern bleibt oftmals nur ›Behindertentheater‹ als ökologische Nische vorbehalten, genuines Amateurtheater also, schon weil sie, einer ökonomischen Flexibilitätsnorm gemäß, nicht jede Rolle spielen oder verkörpern könnten (es sei denn eben diejenige von Andersartigen, quasi eine ›Richard-III.-Lizenz‹), während Nichtbehinderte beliebig einsetzbar sind, da sie sowohl Norm als auch Abweichung darzustellen in der Lage seien.

Freilich: Die dunkle Seite dessen ist der angenommene Mehrwert, den ein Körper, gerade ein normaler Körper, besitzt. Er ist der Ausbeutung (und der Korruption) zugänglicher, weil flexibler einsetzbar. Die Prinzipien des Postkapitalismus, die auf Mobilität und Mobilisierbarkeit, auf Anpassungsfähigkeit und Einpassung, auf Offenheit und Modellierbarkeit zielen, schlagen gerade an tüchtigen Körpern besonders durch. Freilich erbringt dies für alle Abweichenden den Status eines schlechter verwertbaren Kunst-Rohstoffes. Ja, dies gilt auch für den größten Teil gesellschaftlich engagierter und politischer Kunst. Zumal sie ihre Darstellerinnen und Darsteller aus Schulen bezieht, die Behinderten oftmals den Zutritt verweigern.[12]

Wie Sandhal beschreibt, ist dennoch gerade die Performancekunst zu einem wesentlichen Instrument geworden, um den rein körperfokussierten und letztlich medizinischen Blick auf Behinderung abzulösen durch eine kritische Perspektive, die die soziale Konstruktion von Abweichung in den Blick nimmt.[13]

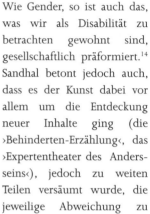

Wie Gender, so ist auch das, was wir als Disabilität zu betrachten gewohnt sind, gesellschaftlich präformiert.[14] Sandhal betont jedoch auch, dass es der Kunst dabei vor allem um die Entdeckung neuer Inhalte ging (die ›Behinderten-Erzählung‹, das ›Expertentheater des Andersseins‹), jedoch zu weiten Teilen versäumt wurde, die jeweilige Abweichung zu einer substantiellen Ansatzstelle für die Findung von ästhetischer Form zu machen.[15] Differente Körper bergen jedoch unter Umständen ein besonderes ästhetisches Potenzial, eine alternative phänomenologische Perspektive oder einen anderen existentiellen Standort, von dem aus gezeigt werden kann, »how disabled peoples' unique somatic experiences provide ›doors of perception‹ [...] that can sometimes radically differ from the nondisableds‹.«[16] Und nein, dies ist keine Political Correctness oder die rein diskursive Stilisierung der Abweichung zum ›Auch-Schönen‹ oder ›Alternativ-Funktionalen‹.

Es geht um das Spezifische, ja, um eine gewisse Essenz, die mit dem individuellen Atypischen verbunden ist. Wie Sandhal in Entgegnung auf eine Verallgemeinerung von Funktionalitätsnormen seitens Merleau-Pontys betont: »The broken hammer may have its own alternative essence.«[17]

Raimund Hoghe hat sich vor seinen Theaterarbeiten lange mit Außenseitern und ›Unperfekten‹ aller Art beschäftigt. Nicht nur mit ihren Geschichten, sondern gerade auch mit ihren Körperstandpunkten – und darüber hinaus mit ihrer Phänomenologie, ihrer Ästhetik, ihrer Schönheit. Sozusagen als ›embedded author‹. Dabei wird deutlich, dass es ihm stets auch darum ging, das Individuelle aus dem Kollektiven zu extrahieren. Was ist denn ein Außenseiter? Was ist Behinderung? Diese Etiketten kaschieren allzu leicht die Tatsache, dass hinter ihnen *mannigfaltige* Arten von Anderssein oder Normabweichung stehen, die nur höchst unscharf zusammengefasst werden in den verallgemeinernden Termini.

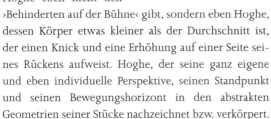

Ich denke, auch das ist ein Grund, warum Hoghe eben nicht den ›Behinderten auf der Bühne‹ gibt, sondern eben Hoghe, dessen Körper etwas kleiner als der Durchschnitt ist, der einen Knick und eine Erhöhung auf einer Seite seines Rückens aufweist. Hoghe, der seine ganz eigene und eben individuelle Perspektive, seinen Standpunkt und seinen Bewegungshorizont in den abstrakten Geometrien seiner Stücke nachzeichnet bzw. verkörpert.

Gegen die Ästhetik des Mangels und der Bilanz

Hoghe wehrt sich gegen die Ideologie des Theaterraumes, die nur den normalen, typischen, auch im Alltag angeblich voll funktionstüchtigen Körpern Zutritt zur Szene gestattet. Und dagegen, dass gerade im Zentrum des höchst körperlichen Tanztheaters nur die schönen und klassisch wohlgeformten Leiber stehen sollten. (Wobei nicht vergessen werden sollte, dass pro-

fessionelle Tänzerkörper nur durch ein hohes Ausmaß an Verbiegung, Disziplinierung und schmerzhaftem Training zu dem werden, als was sie auf der Bühne erscheinen. Von hier aus lässt sich klassische Normhaftigkeit immer auch als gewaltsame Deformation des Natürlichen verstehen.)

Bei Hoghe gibt es eine gewisse aggressive Attitüde und einen kämpferischen Trotz, die sich vielleicht auch in seinem meist unbewegten Gesicht abzeichnet, in den schönen Augen, der Strenge seines Antlitzes, die mir persönlich immer eine gewisse souveräne Arroganz vermittelt. Vor allem aber in der Offensivität, mit denen er minimalistische Szenerien und abstrakt anmutende Körperensembles schafft, die immer wieder das Prinzip klassischer, ja mathematischer Symmetrie aufrufen, eine Ordnung, von der er körperlich abweicht. Doch die größte Faszination geht wohl davon aus, dass er in diesem Rahmen der kalkulierten Strenge die kulturelle Wertigkeit von Symmetrie als wesentlichem Bestandteil des Schönen von innen heraus unterwandert und untergräbt. Ich bin mir nicht sicher, ob das moderne Publikum wirklich immer nur das Typische und Symmetrische sehen will. Dafür ist die Historie und Tradition einer Ästhetik der Abweichung bereits zu machtvoll geworden. Hat nicht bereits Edgar Allan Poe, darin frenetisch gefeiert von Baudelaire, betont, dass jeder Schönheit das Element des Bizarren innewohnen müsse? Und vor ihm haben die Exponenten der europäischen Romantik immer wieder gegen die unerträgliche ›Langweiligkeit des Nur-Schönen‹ opponiert. Hat

11 Sandhal, *Considering Disability,* S. 19.
12 Ebd. S. 24.
13 Vgl. ebd. S. 20.
14 Vgl. ebd. S. 22.
15 Vgl. ebd. S. 21.
16 Ebd. S. 18.
17 Ebd. S. 18.

Charlotte Engelkes und Raimund Hoghe in *Dialogue with Charlotte*

nicht dann im Umkreis der formalen Strenge des Bauhauses Oskar Schlemmer herausgefunden, dass ein Bühnen-Körper im weißen Anzug erst durch den Kontrast eines roten Handschuhs markant und ästhetisch reizvoll würde? Und was wäre das aktuelle Theater des leider viel zu früh verstorbenen Christoph Schlingensief ohne Unperfekte, oder das eines Romeo Castellucci ohne die vielen atypischen, alten, grotesken und zum Teil kranken Körper, die seine Szenen wie Gespenster bevölkern? Doch anders als die postmodernen Künstler zielte Poe eher auf Raffinesse: Nämlich auf eine Art *minimaler* Brechung, die weniger das Abweichende exponiert als vielmehr die Demarkationslinie zwischen Symmetrie und Unordnung zum Schwingen bringt. Leise Töne, wie kleine verführerische Dissonanzen innerhalb der Konsonanz, die innerhalb des Ganzen integral wirken. Kleine Inseln der Unordnung, die den breiten Strom des Nur-Harmonischen unterbrechen und darin kleine Kreise und Wellen evozieren, die für sich genommen Schönheit entbieten.

»Ich bin auf der Suche nach Schönheit, weil ich den Bruch immer gleich mitinszeniere«[18], sagte Hoghe in einem Interview.

Bei diesem Zitat muss ich zuerst an Hoghes auf der Bühne agierenden Körper denken. Bruch? Wohl eher ein Knick und eine Wölbung dort, wo ansonsten die rechte Linie vorherrscht. Nicht einmal seine Größe von 1,54 Meter ist besonders augenfällig, wenn er sich allein auf der Bühne bewegt. Nur der Vergleich mit den anderen Tänzerkörpern lässt ihn klein erscheinen. Aber nie zu klein. Nie wirklich zwergenhaft. Nie defizitär.

Lange hat uns eine kunstpolitische Strömung des Poststrukturalismus, initiiert von der Psychoanalyse Jacques Lacans, gelehrt, dass wir uns nach dem festen, abgeschlossenen und totalen Körper sehnen, den wir alle nicht besitzen, geschweige denn jemals besitzen werden. Und gerade beim Anblick einer offenkundigen Abweichung fräße sich dieses Sehnen in unsere Seelen. Ich fand dieses Denken immer höchst unfruchtbar,

denn es programmiert eine Ästhetik des Mangels, in der jeder Bruch nur für die unerfüllbare Sehnsucht nach Einheit steht. Dass der Bruch für sich selbst gelten und nicht einfach zur leeren Verweis-Form für einen gegenteiligen Inhalt degradiert werden kann, dass in ihm eine alternative Essenz liegt, gerät hier aus dem Blick.

Ich habe mich bei Hoghes Inszenierungen noch nie gefragt, ob er nicht anders sein wollte, vielmehr hat es mich zutiefst fasziniert, wie gut er, obwohl funktional eingeschränkt, inmitten der anderen Tänzer und der Gesamtszenerie, als integrales Element fungiert. Und nie kam die innere Tendenz auf, diesen Körper imaginativ zurechtzubiegen, nie die Sehnsucht nach dem vermeintlich Intakten. Zu zärtlich geht Hoghe dafür vor, zu sensibel, zu minimalistisch, zu wenig laut. Seine Bühne ist auch weder der Ort für Autobiographisches, für die Außenseitererzählung, noch für Therapie, wie Hoghe selbst sagt.[19] Es geht ihm um Ästhetisches. Und dieses Ästhetische ist volle Positivität, das heißt eine Art Wachstumsprogramm der Entwicklung und Heraustreibung von Gesten aus Gesten und von Formen aus Formen, ist Verhältnis- und Variationsraum. Differenz, vor allem die von Hoghes Körper zu denen der anderen Agierenden, ist darin nicht Leere und Defizit, sondern sie ist produktiv.

Ging es dabei nur um die Differenz als starres Faktum einer nun einmal gegebenen Abweichung zwischen Hoghes Körper und denen der anderen, gut trainierter und gut gebauter Tänzern und Tänzerinnen – dann würde ein kurzes Ein-Minuten-Stück im Dienste seiner Präsentation vollkommen ausreichen. Einen kurzfristigen Eklat des Bruches vermeidet Hoghe jedoch. Will man die körperliche Differenz als ästhetischen Wert betrachten, dann gilt es offenbar, in sie einzudringen und sie im Hinblick auf all die in ihr wirkenden Mikrovariationen und Verschiebungen zu befragen, sie sozusagen selbst zum Tanzen zu bringen. Die Differenz mithin nicht als subtraktives Faktum, sondern als prozessiertes Produktionsereignis zu fassen. Damit entzieht sich Hoghes Theater auch der Ökonomie des eindeutigen Vergleichs, die nach klar (ver)wertbaren Bilanzposten sucht. Es entpflichtet sich einer politischen (Körper-)Ökonomie, die unseren Alltag und unser gesellschaftliches Leben weithin bestimmt. An die Stelle komparatistischer Bestimmungen tritt bei Hoghe das ständig variierende formale Verhältnis, zumal, wenn auch oft nur minimal, alle seine Szenen von Bewegungen nur so strotzen.

Korpovariationen

Betrachten wir Hoghes *Boléro Variations*, die szenische Verkörperung eines Musikwerkes, das seinerseits die dauernde Veränderung des Bestehenden zur ästhetischen Leitlinie erhebt.

Hoghe und die anderen Tänzer erscheinen in Alltagskleidung, wobei die körperliche Differenz an Hoghes Leib, der zunächst allein auf die Bühne tritt, kaum auffällt. Eher entwickelt man eine Ahnung denn Gewissheit über die Abweichung, eine Ahnung, die im Übrigen mit erotischer Erwartung durchaus zu tun hat. Man weiß von Hoghe, hat seinen Körper bereits gesehen in Aufführungen, auf Bildern, von ihm in Interviews reden gehört. Man weiß um das ästhetische Schwergewicht seines Körpers. Eine Entkleidung ist mithin gewünscht, doch sie wird hinausgezögert. Hoghe scheint das Spiel durchaus zu kennen, sein Theater ist immer auch eines der Verführung, der Präsentation und des Entzuges, zumal er mimisch so unbeteiligt scheint, so unerreichbar, ja unnahbar. Und umso stärker wirkt dieser Entzug gerade im Verhältnis zu den wundervollen Boleros, bittersüßen Fados und von Liebe kündenden Schlagern, die eingespielt werden und verheißungsvoll in den Ohren vibrieren. Die Emotionalität der Musik steht zu den klaren Bewegungsabläufen in einem Spannungsverhältnis. Es gibt keine Addition und vor allem keine sensomotorischen

Schemata, die einen eindeutigen Bezug von Musik und Geste herstellen. Vielmehr zwei Sphären, die immer wieder, für minimale Augenblicke gewisse Korrespondenzen herzustellen scheinen, im nächsten Moment aber wieder auseinanderdriften.

Hoghe agiert im weiteren Verlauf als Arrangeur und als körperlicher Impulsgeber für die einzelnen Szenen. Immer wieder erscheint er, bestäubt die Tanzfläche, organisiert den Raum durch kleine Gesten, bringt Requisiten. Dies alles in der Manier eines guten, agilen Butlers mit dem Willen zur von Korrektheit getragenen Eleganz. Können Körper einen feinen, geistigen Humor versprühen? Ja, denn Hoghe erscheint nie grotesk oder übertrieben in seinen Aktionen, nicht einmal deplatziert im Orchester der Körper, sondern wie eine kleine, feine Dissonanz. Nur dass es diese produktive und produzierende Dissonanz ist, um die sich für die Augen des Zuschauers das Stück in wesentlichen Teilen formal organisiert.

Und immer wieder geht der Blick weg von Hoghes Körperbild, das in Bekleidung so interessant gar nicht erscheint. Neben seinen eleganten Aktionen ist es vielmehr sein Gesicht mit den etwas schläfrig wirkenden Augen, die in den Bann ziehen. Je nach seiner Stellung auf der Szene und den Lichtverhältnissen meint man, diesem Gesicht verschiedene Ausdrücke anzusehen. Es ist eine maskenhafte Projektionsfläche für allerlei Imaginationen, sich darin einer Ökonomie des klaren urteilenden Sehens entziehend, eines eindeutige Unterscheidungen suchenden Sehens, das doch so dringend evoziert scheint durch die Klarheit und den Reduktionismus der szenischen Gesamtanlage. Die Klärung des Raumes hatte Hoghe zu Beginn der Vorstellung körperlich vollzogen, indem er langsam, wie in Zeitlupe, den Bühnengrund karreeförmig abgeschritten war, den Körper nach vorn geneigt und das eigene Gewicht von

18 Zitiert in: Schmidt / Ziemer, S. 42.
19 In diesem Band, Seite 151.

Fuß auf Fuß verlagernd. Freilich hatte er damit sich selbst und seinen bewegten Körper als Rahmengeber für die gesamte Aufführung exponiert, sozusagen seinen strukturierenden Geist in Form übersetzt. Der zeitlupenartige Gang hatte dabei jeweils aufs Neue seinen Körper in die wiederholte Pose eingefroren und ihn damit in seiner *ästhetischen* Phänomenologie und Ausstrahlungskraft innerhalb der Aufführung allererst gesetzt, vergleichbar einem visuellen Grundakkord.

Hoghes Gang eröffnete damit jedoch vor allem ein freies Feld, einen genuin ästhetischen Raum, der von den Wahrnehmungsklischees und Unterscheidungskriterien des Alltags gereinigt scheint. Hoghes Theater wurde, von ihm selbst und anderen, mit einem Ritual

verglichen, so langsam, so erratisch und so zelebrierend erscheinen die Akte und die der Alltagswirklichkeit entfremdeten Bewegungs-Aktionen.[20]

Rituelle Reinigung von Klischees. Das ist wichtig, wie ich denke: Denn die Gefahr, der Hoghes Theater begegnet, lauert eben gerade in den Blicken derer, die mit einer gewissen Differenz – in Hoghes Fall der körperlichen – konfrontiert sind. Und sie hat weniger damit zu tun, dass der Zuschauer meint, ›Behindertentheater‹ zu sehen, um dann in mitleidiges Schauen oder Schauern zu verfallen. Sie liegt weitaus mehr in der Lust am Sensationellen.

Wenn immer es um Abweichung geht, die nicht in erster Linie inhaltlich gedeutet wird, wird das Tor der

Attraktion aufgestoßen. Gerade auf der postdramatischen Szene ein oftmals eingesetztes Mittel zur Aufmerksamkeitsbindung, nahe an der frivolen Unterhaltung.

Hoghe jedoch will kein Entertainment, dessen schlechteste Variante die Zurschaustellung des Atypischen ist. Er macht keine Pornographie des Unperfekten.

Die andere, nicht weniger korrekte Seite der Sensationsgier wäre die Missdeutung der Hogheschen Selbstpräsentation als Provokation. Es geht vielmehr um die rituelle Herstellung eines anderen Raumes, einer Heterotopie im Sinne Foucaults. Und Gilles Deleuze hat einmal im Hinblick auf die bildenden Kunst bemerkt, der Künstler müsse, wenn er anfange zu malen, zuerst die weiße Leinwand von all den Klischees reinigen, mit der sie bereits befüllt sei – durch Seh- und damit verbundene Denktraditionen, durch kollektive Erinnerungen, stereotype Imaginationen und Emotionen usw. Er tat dies mit Bezug auf die Kunst Francis Bacons, der oftmals als Maler deformierter Leiber missdeutet wurde, während es vielmehr darum ging, qua Verzerrung und Variation der menschlichen Gestalt malerische Ereignisse zu schaffen, deren Energie, gereinigt vom Konventionellen, sich unmittelbar in den Betrachter fortsetzt. Deleuze nennt dies in Abgrenzung vom Sensationellen die ›Sensation‹, die das Gesehene und seinen Betrachter in ein affektives inneres Verhältnis setzt, das jede Alltagserfahrung und seine Normierungen übersteigt. Eine psychosensuelle Kopräsenz mit dem Faktum des Ästhetischen mithin.[21]

Bei Hoghe kommt es ganz analog zu einer Reinigung der Szene durch das Setzen von körperlichen Bewegungsmarken, die die Leinwand der Bühne abschirmen von Stereotypie und Alltagserfahrung – nicht zuletzt auch von den Klischees, die eine Behinderung oder Normabweichung betreffen.

Zuerst also Setzung des Kunstkörpers in einem Kunstraum, dann Zum-Arbeiten-Bringen der Verhältnisse, der Differenzen und Äquivalenzen. Dies eben in Form von an ein Ritual gemahnenden, fast sakral scheinenden Gesten und Aktionen. Meist langsam und getragen. Was unterscheidet ein Ritual vom Theater? Das Prinzip der Wirksamkeit, der *wirklichen* Transformation.[22] Das Theater bildet ja zumeist Symbole in einer Als-ob-Dimension aus, auf der Bühne steht alles als Zeichen für ein anderes, es wird als signifikantes Material transparent auf Inhaltliches.[23] Freilich ist gerade das aktuelle Tanztheater nicht mehr nach diesem Zeichenkriterium zu bemessen, doch auch hier, so scheint es, herrscht immer wieder die Gefahr der Korrumpierbarkeit der Körper durch einen außerhalb ihrer selbst liegenden Zweck oder Sinn: Die Tänzerkörper, meist ›schön‹, trainiert, gut gewachsen, beweglich und flexibel, erscheinen uns, obwohl sie ganz individuell und lebendig vor unseren Augen und Ohren agieren, oftmals als bloße Hüllen eines Versprechens: der Tüchtigkeit, der Gesundheit, der Machbarkeit usw. In gewisser Weise besitzen auch sie Transparenz. Hoghes opaker Körper schattet diese Transparenz ab, manchmal erscheint er mir fast wie die Inkarnation des Geistes, der stets verneint. Es ist nicht wirklich möglich, seinen Körper zu deuten als etwas anderes, als er es eben ist. Um den malerischen Vergleich noch einmal zu bemühen: Sein Körper ist wie ein krummer schwungvoller Strich, der von seiner eigenen individuellen Materialität nicht zu trennen ist. Und seine Bewegungen, gerade weil sie so minimal und elegant sind und uns daher zwingen, genau hinzusehen, schaffen eine Verbindung zwischen Körper und Bewegung, die eben nicht beliebig erscheint.

Als Hoghe zu einem späteren Zeitpunkt der *Boléro Variations* auf die Bühne tritt, sie um- und durchschreitet und dabei mit gekreuzten Händen auf seine Schultern schlägt, fragt man sich in der Tat, ob sein Körper vielleicht anders klingen möge, leiser aufgrund seiner Größe, dissonanter aufgrund seiner Krümmung und Wölbung. Doch als die anderen männlichen Tänzer hinzutreten und dieselbe Geste vollführen, wird dies als falsche Annahme entlarvt. Das Spiel mit visueller Differenz und akustischer Konsonanz schafft einen Raum

unklarer, wandelbarer Verhältnisse. Es geht, wie ich meine, gar nicht so sehr um Norm und Abweichung, denn um eine prozessierte, in Bewegung versetzte und an der Bewegung ausagierte Struktur von Unterschieden und Gleichklängen.

Die erste zentrale Szene, in der Hoghe wirklich explizit auf seine körperliche Asymmetrie verweist, ist diejenige, in der er auf einem quadratischen Tuch in der Bühnenmitte steht, aufrecht und mit halb entblößtem Oberkörper exponiert, schräg zum Publikum. Die Wölbung auf seinem Rücken liegt frei. Ein anderer Tänzer legt in Wasser getränkte Gipstücher auf seine rechte Schulter, oberhalb der Wölbung. Die Szene ist sowohl ein streng und minimalistisch inszeniertes Ritual

wie ein Moment der großen Zärtlichkeit und Nähe. Zum ersten Mal erscheint Hoghes Körper wie ein verwundeter und verwundbarer Körper. Ein Körper, der

20 Vgl. Katja Schneider: *Raimund Hoghe über das Japanische in seiner Kunst. Interview von Katja Schneider*, in: tanzdrama Nr. 67, 2002. http://www.raimundhoghe.com/de/de_tanzenohneende.html (Letzter Zugriff: 15. Juni 2012).

21 Vgl. Gilles Deleuze: *Francis Bacon. Logik der Sensation*, München (Fink) 1995.

22 Vgl. zur Beziehung von Ritual und Theater: Erika Fischer-Lichte: *Ästhetik des Performativen*, Frankfurt a.M. (Suhrkamp) 2004, S. 305–314.

23 Vgl. Hans-Thies Lehmann: *Postdramatisches Theater*, Frankfurt a.M. (Verlag der Autoren) 1999, S. 248.

Raimund Hoghe und Ensemble in *Boléro Variations*

bei aller Unbewegtheit und Unemotionalität des von ihm getragenen Hogheschen Geistes berührungsaffin erscheint, zerbrechlich und fragil. Nach einer Weile löst der andere Tänzer den fertigen Abdruck von Hoghes Schulter, geht zum vorderen Bühnenrand, kniet dort nieder und passt den Abdruck auf eine seiner Kniescheiben auf. Und sofort ist da wieder dieses formale Verhältnis: Hoghes Schulter hat dasselbe Maß wie das Tänzerknie. Eine Szene von großer abstrakter Schönheit und Poesie, die sozusagen das vorangegangene Moment menschlicher Intimität in den Bereich äußerer und körperlicher Verhältnisse übersetzt. Wundervolle Formsprache, die Inneres nach außen bringt und auf diese Weise sinnlich lebendig hält.

Während der andere Tänzer noch auf das Trocknen des Abdrucks wartet, bewegt Hoghe seinen rechten Arm mit geöffneter Hand ganz sanft vor und zurück. Hand, Arm, Schulter und die Rückenwölbung bilden ein harmonierendes Ganzes, quasi vom Rest des noch bekleideten Leibes und vom abgewandten Gesicht getrennt. Eine sanfte Maschine, deren Elemente zart miteinander interagieren. Kopflose und körperlose Sprache des Leibes, denn der Leib löst sich in dieser Vereinzelung seiner Elemente und ihrem Interagieren vom Logos des Organischen und seinem Primat des Funktionellen. Fasziniert blickt man von der Wölbung hinab auf den Arm und die Hand, die durch ihre Verwandtschaft mit der Krümmung des Rückens exponiert und aus dem Gesamtkörper extrahiert scheinen, und man bemerkt minimale Variationen. Die Hand schwingt vor und

zurück, öffnet sich leicht nach vorn, zieht sich wieder zurück. Wie leise gegenseitige Widerrufe der einzelnen Bewegungen. Ja, der »Körper ist zu Gesten fähig, die das Gegenteil vom dem zu verstehen geben, was sie anzeigen. Solche Gesten entsprechen dem, was in der Rhetorik Solözismen genannt wird. Zum Beispiel: [...] eine Hand stößt zurück, kann dies aber nicht tun, ohne zugleich ihre Innenfläche darzubieten. [...] so etwa bei der zweideutigen Gebärde der Lukretia [...] die den Widerruf rhythmisier[t].«[24]

Das Verschwimmen des Anlasses oder die Wahrnehmung des Differenten in *ein und derselben Geste* scheint mir ein ästhetischer Fluchtpunkt von Hoghes Körper-Theater zu sein. Der minimale Sprung von Eindruck zu Eindruck unterläuft an Hoghes Körper all jene festen diskursiven Einschreibungen, der er in der Alltagsrealität als ›abweichender‹ und ›imperfekter‹ ausgesetzt ist. Vielmehr bestimmt und rhythmisiert er die Abweichung selbst, versetzt sie in Fluss und entbietet darin kleine Sensationen des Leibes, die affektiv auf unser eigenes Körperverständnis zurückwirken können. Immer wieder ertappe ich mich dabei, wie meine eigene Hand zu schwingen und zu zucken beginnt ...

Skulpturen der Differenz

Hoghe ist strenggenommen kein Tänzer, sondern er *tanzt*, er bewegt sich und überschreitet dabei auch die Grenzen des Nur-Tänzerischen. Er selbst hat von seinem Körper als Landschaft gesprochen.[25] Eine Topographie ist sein Leib zweifelsohne, mit minimalen Vorsprüngen, Krümmungen, Fluchtlinien, die etwas anders verlaufen als diejenigen typischer Tänzerkörper. Im großen Finale der *Boléro Variations* erklingt in voller Länge Ravels Meisterwerk. Hoghe hat das Hemd ausgezogen und sich am hinteren Bühnenrand mit angezogenen Beinen in die Mitte des Raumes gelegt, die anderen männlichen Tänzer, ebenfalls des Hemdes entkleidet, legen sich wie die Achsen eines gleichschenkligen Dreiecks mit Hoghe an der Spitze in Formation. Alle Rücken weisen zum Publikum, wobei Hoghes Rücken aufgrund der Wölbung heraussticht, freilich aber unter formalem Gesichtspunkt passgenau die Spitze *verkörpert*. Schließlich setzt Hoghe sich auf, kniet sich hin und beginnt, sich mit abgestützten Händen um die eigene Mittelachse zu drehen, langsam und getragen. Die anderen Tänzer folgen seinem Beispiel.

Schnell abstrahiert der Zuschauer von den Menschen, die da auf der Bühne agieren, so dass vor ihm eine lebendige bewegte Skulptur entsteht, geboren aus der multiplizierten Embryonalhaltung.[26] Hoghes gewölbter, nach oben weisender Rücken erscheint innerhalb des so im szenischen Moment Entstehenden als dessen visuelles Organisationszentrum. Als sozusagen höchster und markantester Punkt im Raum leitet er die Blicke auf die Symmetrie der Gesamtanlage. Keineswegs als Behinderung, sondern als formale Leitmarke kommt dieser Punkt zu Bewusstsein, eine endgültige Verwandlung hat stattgefunden, die Gesetze des Ästhetischen als eines formalen Konstrukts haben den Raum vollends in Beschlag genommen, Kunst wurde im wahrsten Sinne aus dem Nichts geboren. Die sich endlos dehnenden Wiederholungen innerhalb des Ravelschen *Boléros* korrespondieren nun, fernab jeder repräsentativen Darstellung jedoch, mit der Zeit des sich bewegenden Körperensembles. Es ist eine skulpturale Zeit, eine Zeit, die diktiert wird von den sich drehenden, minimal variierenden Körpern, die sich dehnt und verzweigt im Spiel von Wiederholung und Differenz. Ein bisschen er-

innert dies an ein hypnotisches Karussell. Jedes Kind weiß, dass trotz der immer gleichen Figuren das neuerliche Erscheinen des jeweiligen Elements auf einem Karussell eine kleine Sensation darstellt. In ebendiesem Sinne finden sich die kreisenden Leiber zu einer wunderbaren Maschine zusammen, die – in sich geschlossen und vom eigenen Rhythmus geleitet – schwingt. Eine Art Perpetuum mobile.

In der Tat könnte man Hoghe frivolerweise vorwerfen, sein Theater sei in gewissem Sinne ›unmenschlich‹. Seine Arrangements sind, bei aller Klarheit, Reduktion und Formalisierung, zwar alles andere denn unterkühlt. Dennoch bestimmen sie den menschlichen Leib zu einem wesentlichen Ansatzpunkt für Formalisierungen, die durchaus provokant wirken können. Zumal Hoghe ›körperlich imperfekt‹ ist und unsere Erwartungen an ›Imperfekte‹ doch sehr oft in die Richtung gehen, sie müssten aufgrund ihrer eigenen Außenseiterrolle ein gesteigertes innerliches Verhältnis zu ihren Mitmenschen nicht nur empfinden, sondern, wenn sie schon Kunst machen, zur Schau stellen. Wenn schon Kunst, dann bitte Kunst, die von Behinderung handelt und sie problematisiert. Dass da einer statt Defiziten und Mangel Schönheit sucht und findet, dass er aus seinem eigenen Körper ästhetische Funken schlagen lässt, dass er aus seiner Asymmetrie heraus in sich höchst stimmige und verführerisch schöne Kompositionen schafft, das ist es wohl, was viele – implizit – für den eigentlichen Skandal halten.

24 Gilles Deleuze: *Logik des Sinns*, Frankfurt a.M. (Suhrkamp) 1993, S. 346.
25 In diesem Band, Seite 12, S. 152.
26 Vgl. zu den Begriffen der Skulptur und der Landschaft in Bezug auf den Körper: Thomas Hahn: *Der Buckel als Tanzlandschaft*, in: *ballet-tanz* Nr. 8/9, 2008, S. 38. http://www.raimundhoghe.com/de/de_buckel.html (Letzter Zugriff: 15. Juni 2012).

Raimund Hoghe und Lorenzo De Brabandere in *Boléro Variations*

Hoghe, der zuerst als Autor auf sich aufmerksam gemacht hat, steht sicher nicht im Verdacht, sich nicht genügend mit den Problematiken von Außenseitern auseinandergesetzt zu haben. Aber er ist nicht stehengeblieben bei den Problemen und Mängeln, sondern hat in der Differenz auch die Verführung entdeckt, Schönheit wahrzunehmen. Nicht jedoch deren armselige Mitleidsvariante des ›Wir sind alle irgendwie schön‹, auch nicht die berühmte ›innere Schönheit‹ des Außenseiters oder noch schlimmer: die Zweckschönheit dessen, der uns in seiner Differenz an unser aller Imperfektheit im Sinne eines ›memento deformationis‹ erinnert. Statt dessen: Schönheit. Irreduzibel auf bestimmte Normen oder auf Ewigkeiten. Und offenbar danach trachtend, sich gerade in der Differenz auszudrücken und über und durch diese Differenz zu kommunizieren. Und ja, es *müssen* Differenzen der *Form* sein, nämlich im Sinne von selbstbewussten, genuin ästhetischen bzw. zeitgleich mit dem Ästhetischen geborene und es konstituierende Differenzen, die das Differenzierte schließlich nicht wieder unterdrücken zugunsten einer inhaltlichen Versöhnungsgeste in Richtung des Regimes des Normalen, Funktionalen und Tüchtigen. Das wäre ein Kompromiss mit den Klischees des Common Sense, oder schlimmer: Korruption. Und der Körper hätte den Kampf verloren.

Nabil Yahia-Aissa, Yutaka Takei, Raimund Hoghe, Lorenzo De Brabandere und Emmanuel Eggermont in *Boléro Variations*

Anfang und Ende

THOMAS BETZ

Anfang und Ende

Grenzen — Rahmungen — Öffnungen

Wie beginnt etwas? Im Leben, auch in der Kunst, werden prekäre Grenzen wie Anfang und Ende, der eigene Raum und das Andere markiert. Konventionellerweise auch die, welche die Kunst und das Ritual vom Alltäglichen trennen: Der Vorhang hebt sich im Theater.

Den Anfang von Hoghes Choreographien bestimmt das Licht, bestimmt die Musik. In *Meinwärts* hat der Akteur Hoghe die Bühne betreten, sich in unseren Blickraum begeben, um etwas zu tun, was man allein tun kann: Musik hören. Er sitzt unbeweglich auf einem Stuhl, im dämmerigen Licht. Hinten bewegen sich Kerzenflammen im Luftzug. Mein Blick wandert, von dieser Rückenfigur zu den Lichtern und wieder zu dem, der sitzt und schaut, wie wir alle. Ein Ende dieser choreographischen Situation ist nicht abzusehen, sie könnte ewig dauern, wird vielleicht so lange bestehen, bis die Musik endet. Vielleicht so lange, bis die Kerzen erlöschen. Und so geschieht es. Nach zehn Minuten tritt Stille ein, und das Ende vom Anfang ist brutal: Jemand anderer tritt hinzu und löscht, mit Steinwürfen, gewaltsam die Kerzen aus. Mit diesem ersten Ende ist im Kern alles erzählt, was Hoghes Stück in der Folge entwickelt: Lebensflamme, Gewalt, Tod und Totengedenken.

Solches Zuhören ist eine immer wieder in Hoghes Werken eingesetzte Fokussierung der Wahrnehmung, und sie ist dem Prinzip von Anfang und Ende verpflichtet, denn es folgen wieder andere Musikstücke, so, wie

Hoghe Aktionen im Ablauf, im Zeitmaß der Musiken vollendet und dann neue aufnimmt oder innerhalb eines Musikstücks wiederholt. Auch wenn keine Übergänge durch zeitliche Überlappung hergestellt werden, sondern ein Ende im Ohr mit einem Ende im Blick zusammenfällt, werden nicht Aktionen wie Nummern aneinandergereiht. Und Hoghe stellt nicht effektvolle Titel zusammen, sondern komponiert so sorgfältig wie kenntnisreich eine Musikdramaturgie; das Ende einer Musik ist insofern teilweise aufgehoben, als sein Text, seine Themen, seine Emotionen sich mit den folgenden Stimmen und Klängen verbinden.

Das Prinzip der Intertextualität[1] ermöglicht über die Verknüpfungen der gesprochenen Texte und der Texte der Songs – implizit auch über Elemente des kulturellen Wissens – das Aufrufen von Erinnerungen, privaten wie allgemein geteilten. Der Kontemplierende auf der Bühne bleibt nicht Objekt der Beobachtung, sondern bietet auch Gemeinschaft an, gerade weil er als verfügender Regisseur die Distanz reflektiert. Keine bindende – wie beim Ritual. Keine zeremoniöse – auch wenn der Performer ritualhaft, zeremoniell agiert. Denn das Prinzip des Wechsels (Ende/Neuanfang) und das Prinzip der Wiederholung (kein Neuanfang) dienen bei Hoghe der Demonstration, dass Ordnungen geschaffen und wieder beseitigt werden können und nicht eine Ordnung von vornherein gilt. Entsprechend impliziert ein Anfang die Zerstörung einer Ordnung oder einen Verlust. Es ist die Stiftung einer fragilen Kontinuität, die auf besondere Weise bestehende Setzungen in Frage stellt, ja durchbricht.

In *Chambre séparée* erklingt betörender Kunstgesang einer Sängerin, durchwandern Lichtbilder eines Diaprojektors den dunklen Raum. Hoghe zeigt so das Bild einer attraktiven Frau, dann weiterer Hollywoodstars, und als die Arie »Komm mit mir ins Chambre séparée« endet, beginnt eine Nachricht vom Tod der 43-jährigen Schauspielerin Natalie Wood. Das Ende des Stücks dann wieder das Ende eines Liedes: Das Bühnenlicht ist ein weiteres Mal eingedunkelt, die Arie ist verklungen, das Lichtbild aber auf der kleinen Stele vor den Zuschauern, die das Theater verlassen, nachdem auch der Applaus endete, leuchtet weiter im Dämmer. Ein Ende, in dem nicht alles abgeschaltet wird, mit dem figuriert wird, dass die Erinnerung nicht endet – demgegenüber die Suchbewegung des Anfangs die Endlichkeit demonstriert, die Vergängnis, den Verlust, daraus reichern sich über jeden Anfang hinaus Hoghes Stücke an.

Mit den durchdringenden Trommeln und gedämpft-kräftigen Fanfarenklängen eines Purcellschen Trauermarschs beginnt deshalb *Si je meurs laissez le balcon ouvert*, als Hoghe, dann eine Tänzerin, dann weitere nacheinander die Bühne betreten und sich im Hintergrund in einer Reihe postieren. Im Rücken weiten Raum und die Augen der Zuschauer, vor sich die Schwärze, um sich die Trauer. Hoghe bleibt auch in diesem neueren Stück dem Prinzip seines choreographischen Anfanges treu, nämlich in der Frage, wo Tanz beginnt. »Bei mir ist das verbunden mit der Musik, die man durch den Körper gehen lassen und spüren soll. Das ist die einzige Regieanweisung, die ich gebe: Jeder muss für sich die Musik spüren. Und das gilt auch für die Zuschauer.«[2]

Um einen gemeinsamen Raum mit den Zuschauern herzustellen, betont Hoghe die Distanz zwischen Bühnengeschehen und Publikum (indem er die Zuschauerposition auf die Bühne verschiebt) und flexibilisiert dadurch die Grenze der »vierten Wand«, die er in anderen Stücken gelegentlich direkt überschreitet, etwa indem die Tänzer (je nach Aufführungsort, oft auch in *Si je meurs laissez le balcon ouvert*) aus dem Zuschauerraum kommen oder Hoghe sie aus dem Publikum auf die Bühne holt und von dort wieder in die erste Sitzreihe begleitet, wie in *Sarah, Vincent et moi*. Ein langsamer Abschied, bei dem Hoghe sich und Sarah Chase (den Zuschauern immer näher kommend) im Schatten eines chinesischen Schirms der Sichtbarkeit entzieht.

Dann hat er die Bühne wieder für sich allein. Der Neuanfang mitten im Stück ist weder Wiederholung noch Beginn einer neuen Aktion, sondern bedeutet eine Problematisierung des gesamten situationellen Rahmens. Zur »Mitte« der Bühne und der Aufmerksamkeit werden nun die sie begrenzenden schwarz verhängten Wände. Mit der ganzen Spannbreite seiner Arme misst er, seine Schritte von links vorne über hinten nach rechts führend, die Länge der Flächen aus. Am Ende des Abmessens trifft er präzise die Kante: Der Raum ist nach seinem Maß gebaut. Körper und Raum passen gut – perfekt? – zueinander. Ein Objekt und seine Proportionierung wird damit als Resultante der Maßeinheit, der Rahmung, der Aufmerksamkeit zur Anschauung gebracht.

Mit Vermessungen, Erprobungen der Bühnendimensionen beginnen auch andere Stücke. In *Sans-titre* betritt Hoghe von rechts die Bühne, bleibt nach wenigen Schritten stehen, bezieht eine Position in einer bisher symmetrisch-harmonischen Anordnung. Denn die Bühne ist mittig durch eine Gerade markiert, die sich durch zwei helle Punkte, eine brennende Kerze hinten und einen hellen Fleck aus Steinen vorn, ziehen ließe.

1 Siehe den Beitrag von Katja Schneider in diesem Band, Seite 52.
2 Raimund Hoghe im Interview mit Katja Schneider in der »Münchner Kultur« der *Süddeutschen Zeitung*, 20.2.2002.

Auch hat schon Klaviermusik eingesetzt, die einzelnen Töne reichern sich nach jeweils sechsfachem Anschlag zu Akkorden an, als Hoghe auf die Bühne schreitet und dann, von links, Faustin Linyekula ein gleiches tut. Seine fünf Schritte führen ihn weiter zur Mitte im Vergleich zu Hoghes Position; auch als der eine und der andere weitere sechs Schritte tun, bewirken die unterschied-

lichen Schrittlängen deutlich verschiedene Positionen zu dieser Achse, so dass Hoghe, wieder als erster am Zug, bei den nächsten sieben Schritten zwar die Mitte überschreitet und Linyekulas Höhe fast erreicht; dieser bei seinen nächsten sieben Schritten sich weiter, nach rechts, von der Mitte entfernt. Ich folge nun nicht weiter diesen Schritten, ihren Variationen und Richtungsänderungen, die die Figuren auf diesem Feld an die Ränder und auf wechselnden Bahnen in die Tiefe der erleuchteten Bühnenfläche führen. Dort wartet eine schwarze Öffnung.

Der erste Schritt, der erste Stand katalysieren ein komplexes System von Positionen und damit Proportionen, die eine ästhetische Formgebung mit einfachen Mittel hervorbringt.

Von Anfang an verbindet sich das Fortschreiten und die Dynamik der Musik mit der klaren und zugleich an Komplexität und Dynamik gewinnenden Form der Schrittchoreographie. Das Mitsummen und -brummen (Glenn Goulds) zeugt davon, dass ein Mensch mit einem Körper solche wie mathematisch konstruierte musikalischen Harmonien hervorbringt. Dass Ästhetik einen Resonanzraum eröffnet, dass verschiedene Dinge, verschiedene Körper mit ihren Unterschiedlichkeiten zusammenklingen können.

Linyekula umkreist die Steine, die selbst einen Kreis bilden. Mit beiden Händen kann er sie gerade alle fassen. Dann legt er sie in gerader Linie nach hinten aus, während Hoghe in gleichmäßigem Abstand weiße Blätter parallel zu den Bühnenrändern auslegt. Die Proportionen und Richtungen werden so noch einmal verdeutlicht. Die Linie aus Kieselsteinen ist nicht exakt gerade. Dann beginnt neues Formenspiel, das wiederum zeigt, dass Formen und Proportionen verändert oder neu gesehen werden können. Die nun gebildeten Kompositionen der Steine haben als Bezugsgröße die Gestalt, die Formen des menschlichen Körpers. Erst berühren die Steine die Körper, dann verbinden sich die Körper zu gemeinsamem Gang, Arm in Arm. Im Bild dieser Nähe wird alsbald ihr Ende aufgerufen. Die Bewegung kommt zum Stand, und jede gemeinsame Zeit muss einmal enden:

»Bist du bei mir, / geh ich mit Freuden / zum Sterben und zu meiner Ruh. / Ach, wie vergnügt wär so mein Ende, / es drückten deine schönen Hände / mir die getreuen Augen zu!«, so lautet der Text der Bach-Aria (BWV 508), die als letztes Lied erklingt. Die Kerze freilich, ich bemerke es jetzt wieder neu, brennt noch in der Dunkelheit, wie am Anfang. Und das Gedächtnis der Steine ist länger als das der Menschen, wie die

Poesie weiß. Obgleich auch sie sich mit der Erosion einmal ganz verzehren werden.

Noch einmal zurück zum Vorhang: Der konventionelle Theatervorhang, der zuerst als Wand verbirgt, am Anfang dann den Blick freigibt, aber auch als geöffnete Grenze implizit gemahnt, dass er sich wieder schließen wird, und ebenso seine Stellvertreter *auf* der Bühne im postdramatischen Theater – bei Hoghe sind es etwa verbergende Fächer, Tücher, Papierbahnen, Flechtmatten, Objekte vor dem Gesicht – repräsentieren die »vierte Wand«. Und »was im Bild der ›vierten Wand‹ stets präsent ist und bleibt«, so die Theater- und Tanzwissenschaftlerin Gabriele Brandstetter, »ist die Szene der Latenz.«[3] Wo der Bilderrahmen das Gemälde von der umgebenden Wand trennt, kann sich die Betrachtung sowohl auf die Wandtapete als auf die bemalte Leinwand als Fenster zu einer dargestellten Welt als auch auf die geschnitzte Bilderleiste selbst richten; die Grenze, die das »künstlerische« Element gegenüber seiner (jeweils) nicht in Betracht gezogenen »Außenumgebung« trennt, kann also variieren. Der sowjetische Semiotiker Jurij M. Lotman (1922–1993) hat sich immer wieder mit dieser Grenzproblematik auseinandergesetzt und dabei ein topologisches (auch mengentheoretisch rekonstruierbares) Beschreibungsmodell erarbeitet, das sich auf die Ordnung dargestellter Welten und symbolischer Räume, auf modellbildende Systeme aller Art wie Religion, Kunst und Wissenschaft, auf Typologien von Kulturen ebenso wie auf ein Modell

von Kultur insgesamt anwenden lässt. Weil dieses Modell solchen Ordnungen zum einen Stabilität, Regelhaftigkeit und Normierung zuschreibt, zum anderen Abweichungen, Grenzüberschreitungen, ja Aufhebung von Grenzen und Neudefinition der Ordnung, interessiert es sich für Prozesse der Erneuerung. Die in Lotmans Modell notwendige Ausgrenzung des gegenüber der eigenen Ordnung als desorganisiert angesehenen anderen erlaubt trotz möglicher Verhärtung doch den Dialog: »Der Begriff der Grenze ist ambivalent: Einerseits trennt sie, andererseits verbindet sie. Eine Grenze grenzt immer an etwas und gehört folglich gleichzeitig zu beiden benachbarten Kulturen, zu beiden aneinandergrenzenden Semiosphären.«[4] Zum anderen sind Ordnungen perspektiviert, vielfach gestuft,

widersprüchlich, so dass gerade Differenzen den Dialog produktiv machen. Mit Lotman könnte man bei Hoghes Produktionen also von eine Polyphonie von Anfängen und Enden sprechen, von Zeitschattierungen. Und auch die Umkodierung von Formen und Proportionen entspricht Lotmans Definition der Grenze.

---

3 Gabriele Brandstetter: *Einleitung*, in: dies. / Sibylle Peters (Hrsg.): *de figura. Rhetorik – Bewegung – Gestalt*, München (Fink) 2002, S. 7–29, hier S. 20f.

4 Jurij M. Lotman: *Die Innenwelt des Denkens. Eine semiotische Theorie der Kultur*, Berlin (Suhrkamp) 2010, S. 182.

Faustin Linyekula und Raimund Hoghe in *Sans-titre*
Raimund Hoghe in *Boléro Variations*

Die von Anfang bis Ende brennende Kerze in *Sans-titre* ist nicht nur ein Zeichen für Lebenslicht und Totengedenken, sie kann auch für die Beleuchtung im Theater stehen – so wie etwa der Miniaturkronleuchter in *Sarah, Vincent et moi* für den großen Abend. In *Swan Lake, 4 Acts* entzündet Hoghe am Anfang des Stücks eine Kerze vor dem Miniaturtheater – das schon in *Meinwärts* eine Rolle gespielt hat – und setzt dabei eine seiner œuvreübergreifenden Reflexionen der Theatersituation in Szene. Die Stuhlreihen, auf denen die Tänzer sich niederlassen und von denen aus sie aktiviert werden, blicken in die Gegenrichtung. Das kleine Theater wiederum steht in einem wie eine Guckkastenbühne abgegrenzten eigenen Teilraum, an dem sich dann die Schlussbegegnung zwischen Hoghe und Lorenzo De Brabandere vollzieht. Hoghe hat sich seiner Kleider entledigt – die Musik Tschaikowskis steuert auf das Ende zu, die Beleuchtung wird erlöschen – und diese Grenzüberschreitung irreversibel gemacht: indem er seine Kleidung hinter sich, Richtung Publikum geworfen hat und sich nun nicht mehr umwenden wird, nicht trennen aus der Face-to-Face-Situation.

So wie die Scheinwerfer-Beleuchtungssteuerung äquivalent zum Vorhang Anfang und Ende markieren kann, kann die Kerze die Periode eines auf Dauer gestellten Anfangs realisieren, der auch ein vorweggenommener Anfang sein kann, wenn die inszenatorische Aktion (verschiebt man die Grenze des Betrachtungsrahmens) vor der Öffnung des Einlasses in den Zuschauerraum erfolgte. Dass die theatrale Situation also nicht nur wechseln kann, sondern quasi immer schon begonnen hat, ist eine der Möglichkeiten von Variation in den Einsätzen weiterer Anfänge.

Es gibt eine »Szene« außerhalb der Bühnenzeit, die vor dem Beginn des Stücks *L'Après-midi* liegt, also noch zum Warten vor dem Anfang zählt: Hoghe begrüßt Emmanuel Eggermont, zupft die Hose des Liegenden gerade und verlässt die Bühne wieder; wo dann mit dem dort liegenden Eggermont sich der Anfang immer schon ausgestellt hat, wenn die letzten Zuschauer ihre Plätze einnehmen und die Gespräche einstellen. Ein liegender Körper, ruhiggestellt, ist ein Todesäquivalent. Mit einem liegenden Körper endet Hoghe nicht seine Choreographie (wie sich in diesem Stück erweist), sondern lässt sie beginnen. Der unbewegt Liegende beginnt sich im Klang der Musik (wie bei *Meinwärts* ist es die hier bereits im Titel angespielte Komposition Debussys) zu regen: der Faun erwacht, der Tanz beginnt.

Doch da es hier keinen Vorhang gibt, auch das Licht schon die Bühne erleuchtet hat und der Tänzer bereits vor dem Publikum auf der Bühne präsent war, wird vor Musik und Bewegung ein eigener Anfang, eine Initiation des Tanzes, zwischengeschaltet. Zu Häupten und zu Füßen der Figur sind zwei Gläser platziert: Diese Rahmung, als Bühne auf der Bühne, akzentuiert und proportioniert in schönem Abstand den Raum (diese Markierungen werden im Verlauf des Tanzes zu neuen Achsen und Proportionen variiert). Hoghe tritt heran und füllt die Gläser mit Milch, sammelt so den Blick und das Licht in der Flüssigkeit. Das Ende nach dem Tanz dann: Der wieder Liegende im Hintergrund wird von Hoghe zu Häupten und zu Füßen mit ausgegossener Milch markiert wie mit einer Opfergabe (nachdem er ihm die Socken ausgezogen hat wie zur Aufbahrung). Als Hoghe den Titel des Stücks mit der Flüssigkeit auf den Boden schreibt, erhebt Eggermont sich und formt aus den Lachen zeichnend flüchtige Figuren.

Ein Nachklang, ein Neueinsatz, aber doch kein ganz neuer Anfang; ein neuer Tanz ist nicht zu erwarten, denn dieser »Nachmittag« wird bald enden, ist durch die Opfergabe, durch seine Metaisierung in der Schrift bereits beendet. Das bange Rückert-Gedicht aus Mahlers *Kindertotenliedern* bringt traurige Gewissheit an einem schönen Tag: »Sie sind uns nur voraus gegangen, und werden nicht wieder nach Hause verlangen.« Dieser zweite Epilog, dieses noch hinausgeschobene, zugleich bekräftigte Ende, das im Gedenken mündet, vollzieht sich doch als Tanz, in gemessenen Schritten beider entlang der Raumlinien, bis sie zum Stehen kommen, das Licht verlöscht.

Eine kulturelle Strategie, die tödliche Linearität, die zu einem abruptem Ende führt, zu kompensieren, besteht in der Ausbildung zyklischer Strukturen. Dieses

Stück nun basiert – wie so oft bei Hoghe – auf der Erinnerung und damit einer Reihe von Wiederbelebungen: Nijinsky revitalisierte den Mythos, Eggermont transponiert das Gedächtnis an Nijinsky in seiner apollinisch klaren Tanzkunst.

Eine andere, künstlerische Strategie ist, wie bereits angeklungen, Anfang und Ende nicht nur durch Variationen zu verzögern, sondern geradezu zu vervielfachen – und die vielen Anfänge und Enden ineinanderzuschlingen, einander überlagern zu lassen. Das Gedenken beispielsweise, mit dem das Callas-Stück 36, *Avenue Georges Mandel* einsetzt, ist ambivalent: Mit Pinsel und Wasser umrahmt Luca Giacomo Schulte die Gegenstände auf der Bühne, deren Arrangement auch das

Resultat eines Endes sein könnte. Kleidungsstücke, Pappkartons, auch der in eine Decke verhüllt liegende Hoghe werden durch die lebensspendende Flüssigkeit energetisiert, die Absenz der singenden Frau damit um so deutlicher markiert. Und die Verdunstung des Wasser wiederum – gegenüber Stein, Grabschrift und Kerze – zeugt als feinste, flüchtigste Spur von der Präsenz, die sich zwischen Anfang und Ende ausspannt und zu behaupten vermag und Anfang und Ende verbindet. Alles Zurückbleibende passt, nachdem es belebt wurde, in zwei Taschen, zum erneuten Gebrauch gespeichert.

Allein auf der Bühne am Ende: ein Mensch, der der Musik, der einstigen Stimme lauscht, sich mit ihr verbindet, mit uns, die wir zusehen. Hoghes Elementarszene seines Werkes. Wenn er damit auf der Bühne steht, entwickelt sich aus dieser Situation die kulturell mindestens als ebenso flüchtig wie die Musik erachtete Kunst der Bewegung. Ist also der Tanz die flüchtigste Spur, die gleichsam Anfang und Ende zugleich realisiert? Denn am Ende eines langen Bühnenabends – wie in *Si je meurs laissez le balcon ouvert*, wenn die Mittänzer im Dunkel verschwunden sind – kann auch einfach nur getanzt werden.

Raimund Hoghe in *Swan Lake, 4 Acts*
Emmanuel Eggermont und das Publikum beim Einlass
zu *L'Après-midi*

SI JE MEURS LAISSEZ
LE BALCON OUVERT

Takashi Ueno und
Marion Ballester

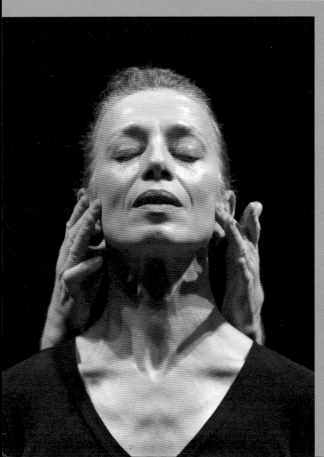

Astrid Bas | Ornella Balestra und Raimund Hoghe | Yutaka Takei

PAS DE DEUX

Raimund Hoghe und
Takashi Ueno

CANTATAS

Emmanuel Eggermont | Raimund Hoghe | Takashi Ueno |
Marion Ballester | Finola Cronin

Kerstin Pohle | Emmanuel
Eggermont | Luca Giacomo
Schulte | Adrien Dantou
und Raimund Hoghe

Werkverzeichnis

PRODUKTIONEN

Forbidden Fruit
24. Juni 1989, Deutsche Oper am Rhein, Düsseldorf (D) | Regie: Raimund Hoghe; Choreographie und Tanz: Mark Sieczkarek

Vento
26. April 1990, Kulturbahnhof Eller, Düsseldorf (D) | Konzept, Regie und Bühne: Raimund Hoghe; mit Ricardo Bittencourt

Verdi Prati
21. Oktober 1992, Werkstatt-Bühne, Düsseldorf (D) | Konzept und Regie: Raimund Hoghe; Choreographie und Tanz: Rodolpho Leoni; Bühne: Luca Giacomo Schulte

Meinwärts
8. März 1994, Hebbel-Theater, Berlin (D) | Text, Regie, Choreographie und Tanz: Raimund Hoghe; Bühne: Luca Giacomo Schulte

Geraldo's Solo
1. Dezember 1995, Hebbel-Theater, Berlin (D) | Konzept und Regie: Raimund Hoghe; Choreographie und Tanz: Geraldo Si Loureiro; Bühne: Luca Giacomo Schulte

Chambre séparée
15. Februar 1997, Festival Stuc/Klapstuk, Theater Vlamingenstraat, Leuven (B) | Text, Regie, Choreographie und Tanz: Raimund Hoghe; Bühne: Luca Giacomo Schulte

Dialogue with Charlotte
19. November 1998, Kaaitheater, Brüssel (B) | Text, Regie, Choreographie: Raimund Hoghe; Bühne: Luca Giacomo Schulte; mit Charlotte Engelkes und Raimund Hoghe

Lettere amorose
15. September 1999, Festival Meeting Neuer Tanz, Fabrik Heeder, Krefeld (D) | Text, Regie, Choreographie und Tanz: Raimund Hoghe; künstlerische Mitarbeit: Luca Giacomo Schulte

Throwing the body into the fight *(Lecture Performance)*
13. März 2000 (erste Fassung), Académie Expérimentale des Théâtres, Paris (F)
Text, Regie, Choreographie und Tanz: Raimund Hoghe; künstlerische Mitarbeit:
Luca Giacomo Schulte

Another Dream
6. Dezember 2000, Kaaitheater, Brüssel (B) | Text, Regie, Choreographie und Tanz:
Raimund Hoghe; künstlerische Mitarbeit: Luca Giacomo Schulte

Sarah, Vincent et moi
31. Januar 2002, Kaaitheater, Brüssel (B) | Konzept und Regie: Raimund Hoghe;
Choreographie und Tanz: Sarah Chase, Vincent Dunoyer und Raimund Hoghe;
künstlerische Mitarbeit: Luca Giacomo Schulte

Young People, Old Voices
26. September 2002, Stadsschouwburg Brügge (B) | Konzept, Regie und Choreo-
graphie: Raimund Hoghe; mit Lorenzo De Brabandere, Wouter Bouchez, Sarah
Késenne, Kristin Rogghe, Pascale Cuggia, Ezra Eeman, Nicolas Marie, Koen De Preter,
Carla Langenbick, Dorien Bastiaensen, Rocio Alondra Antognoni, Lieven Dousselaere
und Raimund Hoghe; künstlerische Mitarbeit: Luca Giacomo Schulte

Tanzgeschichten
7. September 2003, Festival TANZtheater INTERNATIONAL, ballhofeins, Hannover
(D) | Konzept, Regie und Choreographie: Raimund Hoghe; Tanz: Ornella Balestra,
Lorenzo De Brabandere, Raimund Hoghe, Geraldo Si und (als Gast in Hannover)
Sarah Chase; künstlerische Mitarbeit: Luca Giacomo Schulte

Sacre – The Rite of Spring
24. Januar 2004, Kaaitheater, Brüssel (B) | Konzept und Regie: Raimund Hoghe;
Choreographie und Tanz: Raimund Hoghe und Lorenzo De Brabandere

Swan Lake, 4 Acts
4. Juli 2005, Festival Montpellier Danse, Théâtre de Grammont, Montpellier (F)
Konzept, Regie und Choreographie: Raimund Hoghe; Tanz: Ornella Balestra,
Brynjar Bandlien, Lorenzo De Brabandere, Raimund Hoghe and Nabil Yahia-Aissa;
künstlerische Mitarbeit: Luca Giacomo Schulte; Licht: Amaury Seval, Raimund Hoghe

36, Avenue Georges Mandel
11. Mai 2007, Springwave Festival, Seoul Arts Centre, Seoul (Korea) | Konzept, Regie,
Choreographie und Tanz: Raimund Hoghe; als Gast Emmanuel Eggermont;
künstlerische Mitarbeit: Luca Giacomo Schulte; Licht: Amaury Seval, Raimund Hoghe

Boléro Variations
21. November 2007, Festival d'Automne Paris, Centre Pompidou, Paris (F)
Konzept, Regie und Choreographie: Raimund Hoghe; Tanz: Ornella Balestra,
Ben Benaouisse, Lorenzo De Brabandere, Emmanuel Eggermont, Yutaka Takei
und Raimund Hoghe; künstlerische Mitarbeit: Luca Giacomo Schulte

L'Après-midi. Ein Solo für Emmanuel Eggermont
4. Juli 2008, Festival Montpellier Danse, Théâtre du Hangar, Montpellier (F)
Konzept und Regie: Raimund Hoghe; Tanz: Emmanuel Eggermont;
künstlerische Mitarbeit: Luca Giacomo Schulte

Body Space Music (Lecture Performance)
13. September 2008 (erste Fassung), Festival Woodstock of Thinking,
Tanzquartier Wien (A)

Sans-titre. Ein Stück für Faustin Linyekula
2. Juli 2009, Festival Montpellier Danse, Théâtre de l'Université Paul-Valéry,
Montpellier (F) | Konzept und Choreographie: Raimund Hoghe;
Tanz: Faustin Linyekula, Raimund Hoghe

Si je meurs laissez le balcon ouvert
30. Juni 2010, Festival Montpellier Danse, Théâtre de Grammont, Montpellier (F)
Konzept, Regie und Choreographie: Raimund Hoghe; Tanz: Ornella Balestra,
Marion Ballester, Astrid Bas, Lorenzo De Brabandere, Emmanuel Eggermont,
Raimund Hoghe, Yutaka Takei, Takashi Ueno, Nabil Yahia-Aissa; künstlerische Mitarbeit:
Luca Giacomo Schulte

Pas de Deux
24. November 2011, Festival d'Automne Paris; Théâtre de la Cité Internationale,
Paris (F) | Konzept, Regie und Choreographie: Raimund Hoghe; Tanz: Raimund
Hoghe and Takashi Ueno; künstlerische Mitarbeit: Luca Giacomo Schulte

Cantatas
6. November 2012, Festival »20 Jahre – 20 Tage«, tanzhaus nrw
Konzept, Regie und Choreographie: Raimund Hoghe; Tanz: Marion Ballester,
Finola Cronin, Adrien Dantou, Emmanuel Eggermont, Raimund Hoghe,
Kerstin Pohle, Luca Giacomo Schulte, Yutaka Takei, Takashi Ueno;
künstlerische Mitarbeit: Luca Giacomo Schulte

EINMALIGE PROJEKTE

Pour Koko
5. Dezember 2001, Academie Experimentale des Théâtres, Théâtre de la Cité
International, Paris (F)

Paroles de Danse – Rencontres avec Raimund Hoghe
2. Februar 2005, Vidéodanse 2005, Centre Pompidou, Paris (F)

Je me souviens
26.–28. Februar 2009, Festival Antipodes 09, Le Quartz, Scene Nationale de Brest (F)

Skyroom Project
11. September 2010, Festival Crossing the Line, French Institute Alliance Française
(FIAF), New York (USA)

Les après-midi de Raimund H.
24., 25., 28., 29. Juni, 1., 2. Juli 2011, Festival Montpellier Danse 2011,
Salle Bejart/Agora, Montpellier (F)

Montpellier, 4 Juillet 2011
4. Juli 2011, Festival Montpellier Danse 2011, Cour de l'Agora, Montpellier (F)

Project Poznan
4. Oktober 2011, Cultural Season NRW in Polen, Art Stations Foundation,
Stary Browar, Poznan (PL)

Ich erinnere mich – Opening Project
23. Oktober 2012, Festival »20 Jahre – 20 Tage«, PACT Zollverein, Essen (D)

FILME

Lebensträume. 24 Kurzfilme über die Träume von Menschen
1994, ZDF/3sat (D)
Konzept und Regie: Raimund Hoghe; mit: Stephan Schranz, Maria-Christiana Leven,
Jacqy Altmann, Eugen Herman-Friede, Manfred Koridass, Elli Lindner, Georgette Dee,
Jennifer Rowe-Grossner, Peter Weiermair, Barbara Reul, Rosel Zech, Otto Golpon,
Rachid Baier, Gertrude Deninger-Polzer, Fred Lohr, Julia Renzel, Michel Friedman,
Karin Jedermann, René Pollesch, Hannelore Kraus, Barbara Zittner, Johannes Nikel,
Anja Lundholm, Benedict von Uthmann

Der Buckel. Selbstporträt
1998, Westdeutscher Rundfunk (D)
Konzept und Regie: Raimund Hoghe

Young People, Old Voices
Ein Film von Christophe Bargues
2005, Centre Pompidou / Vidéodanse, 52 Minuten
Konzept und Choreographie: Raimund Hoghe; künstlerische Mitarbeit: Luca Giacomo
Schulte; mit: Kristin Rogghe, Lorenzo De Brabandere, Heine Rosdal Avdal,
Dorien Bastiaensen, Pascale Cuggia, Sarah Késenne, Koen De Preter, Wouter
Bouchez, Carla Langenbick, Rocio Alondra Antognoni, Nicolas Marie, Lieven
Dousselaere und Raimund Hoghe

Cartes Postales.
Ein Film von Richard Copans
2005, Les Films d'Ici / Agathe Berman / Arte France, 26 Minuten
Choreographie: Raimund Hoghe; mit: Raimund Hoghe und Lorenzo De Brabandere
Production: Les Films d'Ici / Agathe Berman
Copyright: Les Films d'Ici / Arte France, 2005

Takashi Ueno und Raimund Hoghe in *Pas de Deux*

Autoren

ANDREAS BACKOEFER
studierte Germanistik, Geschichte und Theaterwissenschaft in München. Nach der
Promotion Engagement als Dramaturg am Theater Vorpommern, danach Wechsel
in den Verlagsbereich. Daneben als Autor (u.a. *Neue Zürcher Zeitung*) und Kurator
tätig. Lehraufträge/Projekte zu Kunst- und Performancetheorie in Leipzig, Mainz,
Salzburg und an der Sommer Universität Villigst (u.a. »Reenacting Dance«,
»Dokument:Monument:Raum«, »On Beauty«); lebt und arbeitet in München.

THOMAS BETZ
studierte Literaturwissenschaft und Kunstgeschichte in München. Er arbeitet als
freier Lektor und Autor, war von 2003 bis 2006 Redaktionsmitglied der Zeitschrift
tanzjournal und ist derzeit Redakteur beim *Münchner Feuilleton*.

JÖRG VON BRINCKEN
ist akademischer Rat der Theaterwissenschaft an der Ludwig-Maximilians-Universität
München, an der er 2004 mit einer Arbeit über die Groteskästhetik der französi-
schen Pantomimenkunst des 19. Jahrhunderts promovierte. Mitarbeiter des Interdis-
ziplinären Forschungszentrums für Theater und Neue Medien Sound and Movement
(SaM). Forschungsschwerpunkte sind Film, Kunst und Ökonomie, Computerspiele,
Performance Art, Body Art, postdramatisches Theater, Pantomime, Porn Studies,
Populärkultur.

FRANZ ANTON CRAMER
ist Tanzwissenschaftler, Philologe und Publizist. Von 2007 bis 2013 Fellow am Collège
international de philosophie in Paris, 2008 bis 2012 Gastprofessor am Hochschul-
übergreifenden Zentrum Tanz Berlin. Von 2007 bis 2010 Koordinator des Projekt-
bereichs »Kulturerbe Tanz« für Tanzplan Deutschland, 2011/12 Projektleitung der
Internetplattform www.digitaler-atlas-tanz.de an der Akademie der Künste Berlin.
2011 Villa-Kamogawa-Stipendiat des Goethe-Instituts in Kyoto.

THOMAS HAHN
studierte Romanistik und Theaterwissenschaft in Hamburg und Paris, wo er seit 1990 lebt. Er ist Frankreich-Korrespondent der Zeitschrift *tanz* und Redaktionsmitglied der französischen Zeitschriften *Danser, Cassandre* und *Stradda* und gehört zum künstlerischen Beirat des Leipziger Festivals »euro-scene«.

KATJA SCHNEIDER
ist wissenschaftliche Mitarbeiterin der Theaterwissenschaft an der Ludwig-Maximilians-Universität München. Sie arbeitete als Tanzpädagogin, Lektorin und seit 1994 als Autorin und Journalistin mit dem Schwerpunkt Tanz (u.a. für die *Süddeutsche Zeitung* und den Deutschlandfunk). Von 1996 bis 2012 war sie Redakteurin der Fachzeitschriften *tanzdrama, tanzjournal* und *tanz*.

GERALD SIEGMUND
studierte Theaterwissenschaft, Anglistik und Romanistik an der Universität Frankfurt am Main, an der er 1994 zum Thema »Theater als Gedächtnis« promovierte. Nach seiner Habilitation in Gießen 2005 war er bis 2008 Assistenzprofessor am Institut für Theaterwissenschaft der Universität Bern und ist jetzt Professor für Angewandte Theaterwissenschaft an der Justus-Liebig-Universität Gießen. Zu seinen Forschungsschwerpunkten zählen Theatertheorie, Ästhetik, Entwicklungen im zeitgenössischen Tanz und im postdramatischen Theater im Übergang zur Performance und zur bildenden Kunst.

ANNA WIECZOREK
studierte von 2006 bis 2012 Dramaturgie, Kunstgeschichte und Neuere Deutsche Literatur an der Ludwig-Maximilians-Universität München und der Theaterakademie August Everding. Ihren tanzwissenschaftlichen Schwerpunkt ergänzte sie praktisch durch die dramaturgische Begleitung diverser Projekte der Münchner freien Szene. Seit Oktober 2012 promoviert sie in der Abteilung für Kunst-, Musik- und Tanzwissenschaft der Universität Salzburg.

Impressum

Schreiben mit Körpern
Der Choreograph Raimund Hoghe
Herausgegeben von Katja Schneider und Thomas Betz
Photos von Rosa Frank

© K. Kieser Verlag · Dr. Klaus Kieser, München 2012
Alle Rechte vorbehalten
www.k-kieser-verlag.de

Photos, wenn nicht anders angegeben:
© Rosa Frank | www.rosa-frank.com
Konzept: Thomas Betz, Sylvie Bohnet, Anja Wesner
Gestaltung und Satz: Sylvie Bohnet, Anja Wesner
Druck: Kessler, Bobingen
Printed in Germany
ISBN 978-3-935456-28-9

Photos
Cover und S. 196: Raimund Hoghe in *Montpellier, 4 Juillet 2011*
Seite 2: Emmanuel Eggermont in *Si je meurs laissez le balcon ouvert*
Rückseite: Ensemble in *Si je meurs laissez le balcon ouvert*

Diese Publikation wurde unterstützt im Rahmen des Festivals »20 Jahre – 20 Tage: Raimund Hoghe und Wegbegleiter«, gefördert durch das Ministerium für Familie, Kinder, Jugend, Kultur und Sport des Landes Nordrhein-Westfalen, die Kunststiftung NRW, das Kulturamt der Landeshauptstadt Düsseldorf, die Kunst- und Kulturstiftung der Stadtsparkasse Düsseldorf, die Sparkassen-Kulturstiftung Rheinland und das NRW Kultursekretariat Wuppertal. In Kooperation mit PACT Zollverein Essen, Theater im Pumpenhaus Münster, tanzhaus nrw Düsseldorf und Düsseldorfer Schauspielhaus.

Ministerium für Familie, Kinder, Jugend, Kultur und Sport des Landes Nordrhein-Westfalen

KUNSTSTIFTUNG ➔ NRW

 NRW **KULTUR** SEKRETARIAT WUPPERTAL

 Sparkassen-Kulturstiftung Rheinland

 KUNST- UND KULTURSTIFTUNG Stadtsparkasse Düsseldorf

 Landeshauptstadt Düsseldorf

pact ZOLLVEREIN

 THEATER IM PUMPENHAUS

 tanzhaus nrw düsseldorf

 **Düsseldorfer Schauspielhaus**